Haefs: Die neolithische Wiege der abendländischen Kultur in Bulgarien; der Goldschatz von Warna, die keramische Chronik, Beziehungen zu Sumer, Neolithisches in Nebra, das Verhältnis Mann:Frau, Ägyptisches, Indianer, die Rückkehr der Farbe

DIE BULGARISCHE PENTOLOGIE: ZUR GESCHICHTE BULGARIENS
1. Die neolithische Wiege der abendländischen Kultur in Bulgarien
   ISBN 3-8334-0563-5
2. Vor Troja kämpften auch Thraker
3. Das »Goldene Reich der Pamirbulgaren« an Donau und Wardar
4. Slawo-Bulgaren unter den Osmanen, das 3. Königreich, die kommunistische Zwangsherrschaft
5. Ortsnamen und Ortsgeschichten in Bulgarien

Ortsnamenkundliche Studien

1945 begann Hanswilhelm Haefs Ortsnamen zu sammeln als »Taufurkunden der Orte« und 1948 auch deren Deutungen als »Übersetzungen der ältesten Berichte über Gründer und Gründerzeit, Gründerrechte und Gründungszwecke«. Die Beschäftigung mit Ortsnamen und ihrer Deutung führte einerseits zum »Handbuch deutschsprachiger Ortsnamen in den Grenzen des Alten Reichs von ca. 1300«, und andererseits zu einer ganzen Reihe von Bänden mit jeweils den Ortsnamen der Region. Drittens aber entstand so auch eine Reihe von länderkundlichen Studien wie etwa »Im langen Schatten Tschinggis Chans – Die Folgen des Großen Mongolensturms gegen das Abendland bis heute«.

Ein Band »Ortsnamen und Ortsgeschichten« stellt besonders deutliche Beispiele von Ahorntal über Hameln und Pappenheim, Pöchlarn, Prag, Vaduz, Greifwald, und Stralsund und Wien, Zagreb und Zerbst dar, weitere Bände die Ortsnamen und Ortsgeschichten von Baden-Württemberg und Bayer, Brandenburg (mit Preußen), Hessen, den Lausitzen, Lothringen / Luxemburg / Saarland, Mecklenburg-Vorpommern, Niedersachsen / Bremen / Hamburg / Nordrhein-Westfalen, Rheinland-Pfalz, der Rhön, Rügen mit Hiddensee und Mönchgut, Sachsen, Sachsen-Anhalt, Schleswig-Holstein, Thüringen.

Dann folgen die Städte mitsamt ihren Stadtvierteln: Berlin, Bremen, Hamburg, München (zunebst dem Reich des Samo und »Nibelungenstädte«), Prag und Wien.

Schließlich Belgien, Bulgarien, die Niederlande, Österreich, Polen, die Schweiz, Slowakien, Südtirol und Tschechien.

(Einzelheiten siehe S. 191 ff.)

Hanswilhelm Haefs

Die neolithische Wiege der abendländischen Kultur in Bulgarien

die Nekropole und der Goldschatz von Warna,
die keramische Chronik
Tier- und Menschenfiguren,
früheste Schreibversuche erinnern an Sumer,
Vergleiche mit dem Gilgamesch-Epos,
die Folgen des Neolithikums bis heute,
etwa Mann : Frau,
Ägyptisches, Indianer;
die Rückkehr der Farbe

unter Mitarbeit von Kalojan Nedeltscheff (Sofija)

Umschlagvorderseite: Neolithische Höhlenmalerei, wohl 6. Jt. aCn
in der Höhle Prohodna
Umschlagrückseite: Eine der wenigen neolithischen Tafeln mit den Anfängen einer
Ideogramm-Schrift (bisher ungedeutet)

April 2005
© 2005 Hanswilhelm Haefs
Satz und Layout: Buch&media GmbH, München
Umschlaggestaltung: Kay Fretwurst, Spreeau
Herstellung und Verlag: Books on Demand GmbH, Norderstedt
Printed in Germany
ISBN 3-8334-0563-5

*Meinen Patentöchtern Gabriele, Katharina,
Christiane Natascha, Sabine*

»Wissenschaft ist nicht Besitz von Wissen, sondern Suche nach der Wahrheit.« (Karl Popper)

»Geschichte ist organisierte Kausalität.« (Jorge Luis Borges)

»Geschichtswissenschaft dient oft dazu, das Bestehende zu rechtfertigen.« (Manfred Hanisch)

»Nie bist Du irgendwo nicht in einem Namen, nicht in einer Gegend mit einem Namen, nicht auf einem Berg mit einem Namen, in einem Ort mit einem Namen – stets hält Du Dich in irgendeinem Wort auf, das sich andere – nie gesehen, längst vergessen – ausgedacht, irgendwann zum erstenmal aufgeschrieben haben. Wir befinden uns immer in Wörtern. Und nicht nur in Wörtern, auch in der Geschichte.« (Cees Nooteboom)

»Realität ist eine Halluzination, die durch Mangel an Whiskey entsteht.« (Druidenweisheit)

»Ein Beweis ist immer etwas Relatives. Ein sehr starkes Überwiegen von Wahrscheinlichkeiten. Und dann ist immer noch die Frage, wie sehr einen diese Wahrscheinlichkeiten beeindrucken.« (Philip Marlowe)

»Wer sich aufregt, hält sich für moralisch, und wer sich für moralisch hält, läßt sich von der Vernunft nicht korrumpieren.« (Manfred Rommel)

»Eine jegliche Wahrheit hängt von ihrer Definition ab.« (Ivana Winklerová)

Inhalt

Abkürzungsverzeichnis 9
Vorbemerkung 11
    Die älteste Stadt Europas: Lepenski Vir 13
    Stara Zagora und Sumer? 21
Die ältesten »Bulgaren« 22
Bulgariens Völkertypen 23
Die Neolithiker 29
    Das dänische Dreiperiodensystem 31
    Die Funde von Warna 33
    Die »symbolischen Gräber« 34
    Die chalkolithische Gesellschaft 36
Die keramische Chronik 40
    Das Neolithikum oder die Jungsteinzeit 40
    Die Stein-Kupfer-Zeit des Eneolithikums 43
    Die Bronzezeit 47
        Menschenfiguren 50
        Jungsteinzeit 51
        Frauenfiguren aus Stein und Marmor 52
        Karanowo IV 53
        Karanowo V–VI 53
        Spätneolithikum 55
        Bronzezeit 57
        Tierfiguren 58
        Schmuckstücke 59
Ähnlichkeiten zwischen Sumer und dem
südosteuropäischen Neolithikum 61
Früheste Schreib-Versuche 61
Vergleiche des Gilgamesch-Epos mit dem Ahnenkult 63
Sumerische Agrardämonen und blaue Bauernhäuser 66
Die neolithische Kultur in Europa zunebst Folgen bis heute
    (etwa das Verhältnis Mann : Frau) sowie das
    Neolithikum in Alt-Ägypten und bei Indianern 67
    Die Himmelsscheibe von Nebra 67
    Sonne und Mond in Afrika 69
    Die neolithische Agrarrevolution 70
    Agrarische Kulturen neolithischer Bandkeramiker 72

Neolithische Opferaltäre in der Eifel und in Siebenbürgen	81
Nebra im Paläolithikum	85
Indianisches	87
Der Welt älteste Metallurgie im Iran	88
Die picassoide Matronen-Ziege zu Bonn	92
Labyrinthe	93
Die »Himmelsscheibe von Nebra« als Teil des neolithischen Kulturhorizontes in Europa	96
Die »Himmelsscheibe von Nebra«	99
Bildtafel I	103
Vom Matriarchat zum Patriarchat	128
Über die Rolle der Frauen als Kulturträger heute	129
Frauen in Kempen und Landfrauenbünde	130
Der Minnesänger »Frauenlob« und die Wörter für »Frau«	136
Die Hexe	138
Das Schlußwort von Mencken	141
Über die Farbigkeit der Antike	143
1. Antike Texte	143
Bildtafel II	153
2. Die Farbe kehrt zurück	165
3. Vinzenz Brinkmann und die Rekonstruktion der farbigen Antike	166
Aufsätze und Bücher übers Neolithikum	175
Die Titelliste	177
Nachwort	186
Quellenverzeichnis	188
Länderkundliche Studien	189
Ortsnamenkundliche Studien	191

Abkürzungsverzeichnis

aCn = ante Christum natum = vor Christi Geburt (vor unserer Zeit)
pCn = post Christum natum = nach Christi Geburt (in unserer Zeit)
A = Anfang
E = Ende
H = Hälfte
M = Mitte

Jh. = Jahrhundert
Jt. = Jahrtausend

n, N = nördlich, Norden
ö, O = östlich, Osten
s, S = südlich, Süden
w, W = westlich, Westen

Sdlg = Siedlung

Vorbemerkung

Wer offenen Auges durch das wunderschöne Bulgarien reist, der wird sehr bald bemerken, daß er sich in einem Land von Kirchen und Klöstern, von ungezählten thrakischen Grab- wie Siedlungshügeln, und zahlreichen neolithischen Fundstellen bewegt. All das bietet sich einmal in zahllosen Bodendenkmälern, Ruinenstädten, Ausgrabungen, Architekturen usw. dar, zum anderen aber in den überreichen Schätzen in den Museen.

Natürlich sind es zwei ganz unterschiedliche Dinge: nach Bulgarien, und durch Bulgarien zu fahren. Den Anlaß einer Reise nach Bulgarien boten meine ersten Studien in Slawistik: 1955 hatte meine Lehrerin, Frau Prof. Dr. MARGARETE WOLTNER an der Universität Bonn, mich in den ersten Stunden gelehrt, daß für die slawischen Sprachen *Altbulgarisch* von ebensolcher Bedeutung sei, wie für die romanischen Sprachen *Lateinisch*. Doch dieses klare Bild wurde im Laufe der Jahre immer diffuser; vor allem da byzantinische Chronisten klar zwischen »Bulgaren« und »Slawen« trennten, ohne aber die Gründe für diese »Trennung« deutlich zu machen. Eine Trennung, von der auch der erste bedeutende bulgarische Historiker PAISI HILENDARSKI im 18. Jh. ungerührt Gebrauch machte.

Dann aber kam neben der Frage, wer denn »die Bulgaren« nun wirklich waren und was sie an geistigen bzw. materiellen Dingen hinterlassen haben, eine weitere auf: mit wachsender Zahl seiner Veröffentlichungen legte der Münchner Slawist Prof. Dr. HEINRICH KUNSTMANN, den ich 1985 kennen gelernt habe, immer neue Beweise dafür vor, daß die Slawen zur großen Mehrheit aus dem byzantinischen Balkan (wo sie seit ca. 600 gelebt hatten) etwa um 800 nach Nord- und Nordosteuropa gezogen sind und am Ende dieser Züge nach und nach Rußland und Polen, Böhmen und Slowakei, und die heute deutschen Territorien östlich der Elbe besiedelt haben.

So traten neben die Fragen nach den Bulgaren jetzt auch Fragen, ob sich denn in Bulgarien als dem offenbaren Heimatland der Altbulgaren und demnach auch Heimatland der europäischen Slawen noch deutliche Spuren (und wenn ja: welche) der sich später nördlicher so deutlich entwickelten byzantinoslawischen Ortsnamenbildung fänden. Gründe genug für mich, 2001 endlich nach Bulgarien aufzubrechen. Zumal rumänische Freunde sich immer wieder erbittert gegen Meinungen auflehnten, daß Rumänien »in Wirklichkeit den Bulgaren gehört«. Also fuhr ich zunächst nach Bulgarien, und dann durch das Land mit seinen Kirchen, Klöstern,

Grab- und Siedlungshügeln, und Museen. Und kaufte mir in den Buchhandlungen an Büchern zusammen, was sich dort immer zur frühen Geschichte des Landes und seiner Bewohner anbot.

Diese Literatur umfaßte natürlich auch zahlreiche Veröffentlichungen der Archäologie über all die Funde, die sich in den Museen aus der *Zeit des Neolithikums* zusammengefunden hatten. Es hatte vor rund 6500 Jahren (also zu einer Zeit, als es noch keine Indogermanen gab) hier geblüht. Seiner Kultur kann man in Warna im Museum wie in Ausgrabungen begegnen; in Museen in Sofija; oder beispielsweise in Stara Zagora, wo ein neolithischer Ort ausgegraben und *in situ* als »Museum« aufbewahrt wird.

Wie bedeutsam insgesamt aber die neolithischen Funde im heutigen Bulgarien sind, erhellt allein schon aus der Tatsache, daß man den ältesten Schatz der Welt aus geschmiedetem Gold in rund 2000 Einzelstücken und einem Gesamtgewicht von über 5,5 Kilogramm bei Warna in einer Nekropole aus der Zeit vor ca. 6500 Jahren gefunden hat.

Vor diesem ganzen Fundmaterial (das gleichzeitig die Frage nach der zweifellos sehr hoch entwickelten Zivilisation aufwarf, die als Vorbedingung für diese reichen Funde angesetzt werden muß) wurde mir plötzlich bewußt, daß mir zwar vieles aus der Zeit der Neanderthaler in Europa bekannt war (also der Menschen aus der Altsteinzeit, die mit absoluter Sicherheit keine Indogermanen waren, die es eben erst seit rund 6000 Jahren und also wesentlich später gibt), weniges aber aus Meso- und Neolithikum (Mittel- und Neusteinzeit), Begriffe, die ich eigentlich nur als grobe Zeitraster für alle möglichen Feuersteinartefakte kannte. Oder doch nicht?

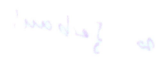

Die älteste Stadt Europas: Lepenski Vir

Es gab da nämlich noch anderes, was mir plötzlich in die Erinnerung kam und sich unversehens mit dem neolithischen Fundmaterial in Bulgarien mosaikhaft zu einem überraschenden Gesamtbild zusammenschloß. Auf dem Südufer der Donau hatte ich 1970 erstmals die Funde von *Lepenski Vir in Ostserbien* besucht und später auf dem rumänischen Nordufer die dazugehörigen Grabungsstätten und Befunde kennengelernt. Ich war von Bukarest aus über Pitești und Craiova nach Turnu Severin, dort über die gewaltige Staumauer aufs ostserbische Ufer und weiter donauaufwärts in Richtung Belgrad gefahren.

Nach rund 40 km bemerkte ich – eher durch Zufall – auf der rechten Seite der völlig menschenleeren Landstraße ein kleines handbeschriebenes Holzschildchen, das nach »Lepenski Vir« wies. Ich folgte ihm über eine abenteuerliche Nebenstraße bis zu einem einsamen Bauernhof am Ufer der Donau. Dort konnte ich den ostserbischen Bauernsohn, von Beruf ein Fischer, gegen entsprechende »Banki«, also Dinar (wörtlich: Banknote), dazu bewegen, mich am Ufer donauauf zu rudern, bis wir nach einigen Kilometern in Lepenski Vir anlegten.

Der Treskavac. Sollte sein trapezförmiger Schatten bei Sonnenaufgang auf der gegenüberliegenden Flußterrasse der Anlaß für die eigentümliche Trapezform der Häuser gewesen sein?

Mit diesem Namen wird eine der aufregendsten archäologischen Fundstellen voller unergründeter Rätsel bezeichnet. Es handelt sich um die älteste europäische Stadt, die nach dem Namen des Flußwirbels »Lepenski Vir« benannt wurde. Lepenski Vir entstand wohl um 5800 aCn und lebte bis etwa 4300 aCn. Die Fundschichten werden eingeteilt in

- Proto-Lepenski Vir um ca.   5800 aCn (= ante Christum natum)
- Lepenski Vir (LV)   I a   5600
- LV   I b   5400
- LV   I c   5150 (Zeit des »Danubius«)
- LV   I d   5050 (Ornament + »Landkarte«)
- LV   I e   5000 (»Sirene«)
- LV   II   4950
- Starčevo (LV III a)   4850
- LV III b   4700
- Vinča   4300

Trapezgrundriß der Häuser

Die Setzung des Herdes mit Opferaltar (?) und gesetzten Dreiecken in der Nachahmung des Unterkiefers

Die Setzung des Unterkiefers scheint ebenso wie die Zuspitzung der skulptierten Rollsteine am unteren Ende auf einen Zusammenhang dieser Kultur mit chthonischen Gottheiten bzw. ähnlichen Numinosa hinzuweisen.

1960 entdeckten Belgrader Archäologen auf der hufeisenförmigen Uferterrasse an dem großen Lepenski Vir-Stromstrudel Spuren einer Siedlung vom Typ der bekannten jungsteinzeitlichen Starčevo-Kultur. Da die Stelle von den steigenden Wassern der Donaustauung bedroht war, fanden 1965 Suchgrabungen statt, die zur größten Überraschung aller Beteiligten zur Entdeckung von 10 Fundschichten führten. Bis 1968 dauerten die Grabungen; dann wurde das ergrabene Material teils ins Museum in Belgrad überführt, teils auf ein Plateau 29 m oberhalb der Fundstelle verlagert, wo sich jetzt die Baureste und Replikate der Skulpturen und sonstigen Funde in einer Art Museum befinden.

Um ca. 25 000 aCn bildete sich die Gravettien-Kultur, deren Hinterlassenschaften ein deutlicheres Bild von den religiösen Vorstellungen der Donauraum-Menschen vermittelt: Tieropfer, Feuer- und Herdkult, Verbindung von Bestattung und Herd, separate Schädelbestattung. Fortschritte auf wirtschaftlichem und gesellschaftlichem Gebiet zeigen erste Mikrolithen und polierte Steinwaffen, der Fischfang verdrängt die Jagd, größere Familienverbände bilden sich, die Frau verliert ihre alles beherrschende Rolle. Dem Gravettien folgte das Mesolithikum, diesem eine Dekadenzperiode von ca. 8000 bis ca. 5000 aCn. Dann entstand das Lepenski Vir-Kulturphänomen.

Am Ende des Paläolithikums bildete das gesamte Gebiet zwischen Don, Krim und oberem Donau-Becken eine kulturelle Einheit. Die zerbrach im Mesolithikum; ihre bescheidenen Hinterlassenschaften legen die Vermutung nahe, daß die gesamte religiöse Kunst des Paläolithikums zu existieren aufhörte.

Die Djerdap-Schlucht (die Landschaft am Eisernen Tor) ist eine der ungewöhnlichsten in Europa. Die von der Donau durchflossene Schlucht mißt etwa 100 km, und dennoch bildet sie eine Welt für sich, in der sich auf kurzen Distanzen sowohl vertikal wie horizontal schlagartig Bodenverhältnisse und Klimata, Tier- und Pflanzenwelt ändern. In ihr liegt am sonnenzugewandten rechten Donau-Ufer der hufeisenförmige Landvorsprung (in dem manche Gelehrte den Anlaß für die trapezförmige Hausstruktur in Lepenski Vir sehen). Er ist vor scharfen Winden ebenso geschützt wie vor den Hochwassern der Donau, Wald und Wasser boten aber eine Fülle von Jagdbeute.

Die Uferplatte am wilden und steinigen Ufer hat maximal die Länge von 170 m und die Breite von 50 m. Die regelmäßigen Überflutungen der Donau haben ihr Westufer hier um ein Geländestück von ca. 1700 qm verkleinert. Die allerersten Siedler bewohnten lediglich die unterste Uferterrasse, während die nachfolgenden Siedlungen langsam immer höher stiegen. Die angegebenen Zeitdaten der Fundschichten entstammen der Radiokarbonmethode und sind entsprechend umstritten; ihre relative Chronologie steht aber unumstritten fest. Seit 1960 hat man im benachbarten Bereich an der Donau vor allem in Rumänien an die 30 Fundstellen entdeckt, die in innerem Zusammenhang mit Lepenski Vir zu stehen scheinen. Das wirft die Frage auf, welche Funktion Lepenski Vir selbst hatte.

Man hat ihn »Danubius« genannt. Galt er als Gott des Flusses? Oder gar als Ur- und Schöpfergott?

Da bietet sich als erstes der erstaunliche Befund dar, den die 85 Skelette vom Präkeramikum bis zur Bronzezeit (14 Kleinkinder, 3 Jugendliche, 68 Erwachsene) bieten. Von den Erwachsenen sind eindeutig 32 Männer und 29 Frauen zu identifizieren. Der Bestand an Kleinkinderskeletten erstaunt: nach normaler Fruchtbarkeit müßte sich ein Befund von ca. 100 Individuen ergeben. Das Gesichtsskelett ist sehr breit und von mittlerer Höhe, die Schädelknochen sind massiv und dick: die Menschen gehörten wohl zur Cro-Magnon-Gruppe, und zwar der sehr robusten Oberkassel-Variante. Nimmt man hinzu die ungewöhnliche Größe (ca. 167 cm) und das ebenso ungewöhnlich hohe Alter der Individuen (bis zu 80 Jahre), dann ergibt das zusammen mit der Seltenheit von Kinderskeletten und der Häufung von rituellen Gegenständen bei geringer Anzahl handwerklicher Geräte den Verdacht: daß Lepenski Vir als eine Art Priesterstadt des gesamten Gebiets offenbar gleichartiger Kultur diente.

Lepenski Vir zeichnet sich durch einen ungewöhnlichen Reichtum von skulptierten Steinen aus. Merkwürdigerweise handelt es sich ausschließlich um grobkörnige Rollsteine aus Sandstein, die am Oberlauf des etwa 10 km entfernten Boljetinka-Bachs zu finden sind, Sandsteine von graugelber Farbe mit rötlichen Flecken. Ihre Höhe liegt zwischen 20 und 30 cm; beim Bau von LV II wurden sie allerdings erheblich größer: zwischen 35 und 60 cm. Ab Wohnebene I b haben große skulptierte Rollsteine am Herd ihren festen Platz. Eigenartig mutet an, daß die Skulpturen kein suchendes Umhertasten nach den Formen zeigen, sondern von Anfang an voll entwickelt auf der Szene erscheinen.

In LV I kamen 29 Rollsteine zum Vorschein. Auf der Ebene I b sind sie eng mit den Altären verbunden. Sie weist auch die größte Skulptur überhaupt mit einer Höhe von 62 cm auf, wie die kleinste mit einer von 16 cm. Die Zuspitzung des Bodenstücks deutet darauf hin, daß sie wie Pfropfen in die Erde gesteckt wurden, aus der sie aufrecht hervorragten.

In I c kam ein großer eiförmiger Rollstein zum Vorschein, dessen Vorderseite zu menschlichen Gesichtszügen modelliert war, während auf der Rückseite abstrakte Ornamente auftreten: erstmalig treten sie hier in Verbindung mit gegenständlichen Darstellungen auf.

In I d nimmt die Zahl der Skulpturen jäh ab, zugleich zeichnet sich ein Niedergang in technischer wie künstlerischer Hinsicht ab. In I d und I e kamen insgesamt nur 12 skulptierte Steine ans Tageslicht. Zugleich fand sich aber in I d auch die von der Wissenschaft als »Jagdszene« gedeutete Ritzzeichnung auf einer Platte 60 x 28 cm aus feinkörnigem Sandstein: Jagdszene am Flußufer mit rätselhaften Ritzungen und Kerbungen, einem vierbeinigen Tier und einem langhalsigen Vogel; mit eingekerbten Trapezoiden und Rechtecken, einem Jäger mit Speer, der ihn auf ein Tier wirft, der Siedlung und Jagdfallen – so die wissenschaftliche Deutung. Ich sehe in der Zeichnung viel eher eine Art »Landkarte«, die den mythischen Bedeutungen der Gegend gegenständlichen Ausdruck verleiht: Fluß, Siedlung, Jagdgeschehen, relative Lage von Örtlichkeiten zueinander.

In der Schicht I d fanden sich einerseits erstmals Rollsteine mit rein abstrakter Ornamentik.

In ihr fand man andererseits die »Landkarte«, die zwar von der Wissenschaft als Jagdbild gedeutet wird (Jagdszene am Flußufer zwischen Strom und Siedlung; 2 horizontale Furchen – der Fluß? – teilen in ein schmales unteres Fries mit rätselhaften Ritzungen, der Gestalt eines vierfüßigen Tiers, eines langhalsigen Vogels; und den geräumigeren oberen Teil: ein Mensch wirft vor eingekerbten Trapezoiden und Rechtecken – die Häuser? – seinen Speer auf ein Tier; oder stellen die Rechtecke Fallen für Jagdgetier dar?), mich aber eher wie die Ritzung der Landschaft anmutet, wie eine »Landkarte« mitsamt ihren mythischen Inhalten.

Schließlich fand sich vor fast jedem Herd im Haus auch ein Altar: ebenfalls Steine mit Opferhöhlung, rätselhaften Einritzungen und ebenso undeutbaren Rinnen, die aber auf keinen Fall Abflußrinnen darstellen können.

Anzumerken wäre noch: daß sich die enge Verbindung von Herd und Bestattung beispielsweise in der Setzung von Dreiecksformen aus Steinen widerspiegelt, mit der die ursprüngliche Setzung von Unterkiefern dargestellt wird. Und daß in der Endphase von LV III Skelette auftauchen, die darauf hindeuten, es hätten wohl grazilere Menschentypen aus dem mediterranen Raum zuwandernd die Cro Magnon-Menschen friedlich verdrängt. Die jedenfalls sind verschwunden, und Spuren einer gewaltsamen Auseinandersetzung wie etwa Feuerspuren gibt es auch nicht.

Der Zeitansatz beginnt etwa vor 6500 Jahren und dauerte bis etwa vor 4000 Jahren. Im heute rumänischen Siebenbürgen hat man einige rätselhafte Täfelchen ausgegraben, die undeutbare Schriftelemente aufzuweisen scheinen, zu denen man als Parallelen eigentlich nur *proto-sumerische bzw. proto-elamische Piktogramme* ansetzen kann. Und in Bulgarien nun ebenfalls 3 oder 4 solche Täfelchen mit ebensolchen Piktogrammen. (Siehe Abb. S. 125)

Diesen Rollstein aus der Schicht I e nennt man »die Sirene«

Stara Zagora und Sumer?

In Stara Zagora aber fand ich später eben jene neolithische Siedlung, die dort ausgegraben wurde und als »Museum« in situ erhalten wird. Sie belegt in ihrer Architektur insgesamt verblüffend genau, was GILGAMESCH nach seinem Epos bei der Beisetzung seines Freundes ENKIDDU errichten ließ. Sollten die Piktogramme ebenso wie die architektonischen Gestaltungen auf Zusammenhänge zwischen jenem ach so fern hinter der Türkei liegenden Sumer und den siebenbürgisch-bulgarischen Bergländern an der Donau hindeuten?

Seit 1951 hatte ich mich immer wieder in das wunderbare Buch von C. W. Ceram (= Kurt W. Marek) »Götter, Gräber und Gelehrte« versenkt, in dem so eindrucksvoll beschrieben wird, wie Anfang des 20. Jahrhunderts die Existenz des Volkes von Sumer aus vielerlei Anzeichen geradezu ausgerechnet wurde, ehe man sie dann auch durch archäologische Funde belegen konnte. Wo aber kam dieses geheimnisvolle Volk der Sumerer her? Man weiß es nicht. Man weiß nur, daß es aus einem Bergland hergezogen kam wohl über ein »Meer«, vielleicht aus den Bergen des östlichen Iran.

Die merkwürdigen Vorkommnisse und Befunde in der »Priesterstadt« Lepenski Vir wie die Piktogramme in Siebenbürgen und Nordbulgarien, wie die neolithischen Siedlungen Bulgariens nach dem Schriftbild des Gilgamesch-Epos – sie alle lassen mich jetzt darüber nachgrübeln, ob es in der neolithischen Kultur so große Übereinstimmungen gab, daß man von *einer* neolithischen Kulturgemeinschaft von Sumer über Bulgarien bis nach Nebra in Deutschland und Stonehenge in England und Newgrange in Irland reden darf?

Davon soll in diesem Buch später mehr geredet werden. Denn für mich hat es nun den Anschein gewonnen, als sei die nachweisbare Kunstfertigkeit der »bulgarischen« Neolithiker in ungebrochener Tradition auf ihre indogermanischen Nachfolger, die Thraker, übergegangen; von diesen auf ihre Nachfolger, die Pamirbulgaren. Und als ob man so die Urwurzel aller abendländischen Kultur in eben jenem neolithischen Winkel bei Warna ausmachen könnte, in dem der »Goldschatz von Warna« so reiches Zeugnis von der geistigen Kultur der Neolithiker auf bulgarischer Erde ablegt.

Im übrigen möchte ich darauf hinweisen, daß ich weder so arrogant noch gar so anmaßend bin zu behaupten, daß die als Möglichkeiten angebotenen Deutungsansätze mehr als Wahrscheinlichkeiten sind, wie sie mir nach bestem Wissen und Gewissen glaubwürdig erscheinen.

Die ältesten »Bulgaren«

Die bisher bekannten ältesten Menschen-Spuren im heutigen Bulgarien hat man bei einer Ausgrabung 1971–1975 in der Höhle von Batscho Kiro entdeckt. Die Schichten 14–11 lassen den Typus einer Trockenhöhle ohne Wasserdurchfluß erkennen, die Schichten 10–3 starke Sandbeimischungen aus periodisch durchfließendem Wasser, die Schichten 2 und 1 starken Grobkiesel und große Steinblöcke. 14–11 wird als A, 10–3 als B, 2–1 als C bezeichnet. Man hat hier den reichsten Befund an pleistozäner Fauna in ganz Südosteuropa angetroffen: 108 Spezies.

Das Klima zur Zeit von Schicht 14 (ohne Fauna) wird als kalt im Zusammenhang mit einer der frühesten Kälteperioden der Würm-Zeit angesehen; die Schicht erbrachte zugleich die frühesten Spuren menschlicher Anwesenheit in der Form einiger Artefakte, die sich jedoch stark von späteren Inventaren des mittleren Paläolithikums unterscheiden.

Schicht 13 kann man durch die Karbon-14-Methode auf ca. 47 500 Jahre datieren, was praktisch außerhalb der Karbon-14 liegt und nur durch Vergleiche mit anderen Balkan-Befunden festgemacht werden kann. Schicht 12 läßt eine Rückkehr des kalten Klimas erkennen; in ihr fand man Artefakte, die vorsichtig als mögliche Fortsetzung des *Moustérien* gedeutet werden; sie gab aber auch ein Knochenfragment frei, auf dem eine wiederholte Zickzack-Linie gefunden wurde, die man als eine der ältesten Methoden zur Übermittlung bestimmter Informationen zu deuten veranlaßt ist.

Schicht 11 kann durch Karbon-14 auf ca. 43 000 Jahre datiert werden; Schicht 6b auf ca. 32 700; Schicht 1 weist archäologisches Material auf, das ins Eneolothikum zu stellen ist. Insgesamt ist das Spätneolithikum auf dem Balkan erheblich früher anzusetzen, als bisher gedacht. So ist das Spätchalkolithikum auf ca. 3000–2600 aCn zu datieren, in der Phase 3 bis zum Beginn der frühen Bronzezeit etwa ca. 1800 aCn. Nordbulgarien mit der Balkan-Grenze ist damit zum Donaugebiet und zu Mitteleuropa zu rechnen, Südbulgarien zur thrakisch-makedonischen Kultursphäre.

Und lediglich in Galabowo ist man auf eindeutig geschichtete Tonwaren gestoßen, die vom Rad produziert wurden, der Drehscheibe.

Bulgariens Völkertypen

Die letzte zusammenfassende Darstellung dieses Problemkomplexes hat 1972 PETER BOEV veröffentlicht. Danach haben die Untersuchungen und Vermessungen vor allem der Schädel aus Grabstätten ergeben, daß bereits im frühen Neolith. mediterrane Typen auftreten, mehr oder minder cromagnoider Merkmale. Man wird sagen dürfen, daß die Balkan-Halbinsel das Nest war, in dem sich die mediterrane Rasse auch autochthon entwickelt hat; oder: daß die Balkan-Halbinsel selbst der Ausgangspunkt war, von dem aus die neolithischen Mediterranen nach Zentraleuropa eingewandert sind.

Historischer Überlieferung zufolge drangen im 2. Jt. aCn aus Zentraleuropa arische Stämme in Griechenland ein: der Trojaner HEKTOR stellt nach HOMERs Dichtung die friedfertige Zivilisation dar, der Barbar ACHILL den Held neuer kriegerischer Stämme. Danach begann der Zerfall der alten ägäischen Kultur. Das heißt: damals gab es ethnische Großgruppen – die vorgriechischen oder *pelasgischen* Völkerschaften im Peloponnes, Mittelgriechenland, dem größten Teil der Ägäischen Inseln; und die *protogriechischen* im Epiros, in Westthessalien und Pyerien. Und noch vor den Griechen sickerten in die pelasgischen Gebiete auch andere Stämme aus Kleinasien und dem Norden ein: z. B. Thraker, Thermilen, karische Leleger usw. Vom E des 3. Jt.s aCn an nahmen griechische Stämme allmählich den Ägäischen Raum ein.

Als Grundbevölkerung des östlichen Teils der Halbinsel gelten Thraker, Mösier und Daker in zahlreichen Stämmen. Vor den Thrakern haben in Thrakien keine anderen Bevölkerungen gelebt bzw. Spuren hinterlassen. Mösier besiedelten Mösien (im Altertum: Nordbulgarien und Nordserbien); von ihnen spalteten sich die Dardaner ab und vermischten sich z. T. mit Illyrern, und wanderten spätestens in der 1. H des 2. Jt.s aCn nach Kleinasien aus. Den Mösiern nahe verwandt waren die Daker, die als Dako-Mösier Altmösien (heute: Rumänien und Ostungarn bis zur Theiß) besiedelten.

Den mittleren Teil der Halbinsel bewohnten Makedonier, Protophryger, Päonen, Migdonen und Dardaner. Das ethnische Wesen der Päonen in Nordmakedonien ist unklar (ein Mischvolk aus Nachbarstämmen?). Migdonen und Dardaner sind Mösier mit phrygischer Beimischung.

Noch am wenigsten untersucht ist der westliche Teil der Balkan-Halbinsel. Nordalbanien bewohnten Illyrier, Dalmatien und Pannonien Dalmatier und Pannonier, den westlichen Teil mit Istrien die Liburer und die Istrier (verwandt mit den Venetern in Italien).

Grundbevölkerung zu Beginn der Eisenzeit waren im Osten die Thraker, im Westen die Illyrier, im Süden die Griechen. Im 8. Jh. aCn gingen in den griech. Stadtstaaten infolge der Veränderung der Produktionsweisen große politische und wirtschaftliche Veränderungen vonstatten. Griechische Kolonien entstanden an der Ägäis, dem Marmarameer, dem Schwarzen Meer, der Adria. Nach linguistischen Daten lebten im Osten der Balkan-Halbinsel eine dako-mysische und eine thrakische Gruppe (die dako-mysische im Norden, die thrakische im Südosten). Die Thraker waren vielfach unterteilt, fanden sich aber nie zu einer Einheit zusammen. Sie waren indogermanischer Herkunft und erlebten ihre Ethnogenese auf dem Balkan, waren dort also autochthon.

Die Illyrier gelten als Träger der Hallstatt-Kultur auf dem Balkan und ließen sich in deren westlichem Teil bis Nordgriechenland, in der Pannonischen Tiefebene, in Teilen der Apennin-Halbinsel nieder; auch sie waren in zahlreiche Stämme gegliedert und galten wie die Thraker als ausgezeichnete Viehzüchter und tapfere Krieger. Außer Illyriern und Thrakern fanden die Römer im Nordosten noch Skythen vor, die sich im 6. Jh. aCn in der Dobrudža niedergelassen hatten und ihren Adligen große Grabhügel errichteten.

Im 3. Jh. aCn wurde Westmösien von Bastarnern und Goten überfallen, die sich im 2. Jh. aCn in Thrakien niederließen; die Goten auch in Mösien; außer ihnen ferner Gepiden, Vandalen, Burgunder, Karpen. Diesen ostgermanischen Stämmen aus Südrußland folgten im 5. Jh. pCn nach der Zerschlagung des Hunnenreichs durch China aus Asien nach Mösien Hunnen; und in Serbien ließen sich Awaren nieder. Im 4. Jh. hatte Byzanz das Erbe Roms angetreten, doch wurde das byzant. Reich im 6. Jh. von Slawen bedrängt, die als Veneter, Slawen und Anten eindrangen.

Als weiteres wichtiges Volk traten im 6. Jh. die Protobulgaren auf (die man inzwischen als Pamirbulgaren erkannt hat), die im 7. Jh. das 1. Bulgarische Reich am Unterlauf der Donau gründeten; andere Bulgaren hatten sich entlang der Wolga ausgebreitet (und dort ein Reich gegründet, das erst im 15. Jh. von Moskauer Reich integriert wurde). Wieder andere unter KUBER in die Keramissische Ebene in Makedonien (heute: Pelagonia- oder Bitolja-Ebene); und von denen wurde eine Gruppe 631/32 in der

Neujahrsnacht auf Befehl des Merowinger-Königs DAGOBERT im oberösterreichischen Pulgarn niedergemacht bis auf ihren Anführer ALZECO, der mit ca. 700 Mann ins kärntnische Slowenen-Reich und später zu den Langobarden in Oberitalien entkommen konnte.

Im 11. Jh. drangen weitere Turk-Völker wie Petschenegen, Kumanen, Usen usw. in die Balkan-Halbinsel ein; und deren Nachfahren, die Gagausen, leben noch heute in Bulgarien. 1356 setzten die Osmanen bzw. die osmanischen Türken den Fuß auf die Balkan-Halbinsel, die sie nach und nach eroberten und teilweise bis 1912 behielten; doch noch heute sitzen sie in Ostthrakien. Während ihrer Herrschaftszeit kamen auch Juden im 16. Jh., Zigeuner über Persien und Rumänien, Armenier, Tataren aus der Krim und Tscherkessen aus dem Kaukasus, schließlich auch Sachsen (als Bergleute), Tschechen und Polen, Slowaken und Ungarn.

Manche Angaben der antiken Autoren lassen auf anthropologische Eigenschaften schließen: HOMER beschrieb ACHILL und MELEAGROS als blond, HEKTOR und EURYBADES als dunkelhaarig; die Achaier als schwarzäugig. THEOKRIT beschreibt ein Mädchen als blauäugig. Die Böotierinnen werden blond genannt. Nach GALENUS waren Kelten, Germanen, Thraker und Skythen weiß und unbehaart. Die Thraker werden als gelbrötlich behaart beschrieben. Die Illyrier hatten nach GALENUS rote Haare, usw., usf.

Als ethnische Gruppe verschwanden die *Thraker* im 7. Jh. (doch sollen manche noch bis ins 11. und 12. Jh. fortgelebt haben). Die römische Oberherrschaft über sie begann im 1. Jh. aCn und ging 395 zu Ende. Thrakische Bilder und Münzen lassen unter den Thrakern vor allem dinarische und mediterrane Rassetypen erkennen. Manche vom dinarischen Typ werden blond gewesen sein, wie auch Bemerkungen antiker Autoren erkennen lassen, die sie als »hell« bezeichnen. Man hat daraus wohl zu schließen, daß an der Ethnogese der Thraker im Balkan Elemente der einheimischen vorthrakischen Bevölkerung beteiligt waren, die zu dinarischen und Alpenrassentypen gehörten. Aber keine nordischen Typen.

Die gab es vielmehr häufiger unter den *Illyiern*, die vorwiegend aus dinarischem und mediterranem Völkergemisch bestanden. Das Entstehen des nordischen Typus ist als autochthon zu betrachten, das der dinarischen und mediterranen und Alpen-Völker aber nicht.

Rein *slawische* Begräbnisse hat man bisher nicht gefunden; denn im Osten waren die Slawen von Anfang an mit Bulgaren vermischt, im Westen mit Awaren. In der Osthälfte der Halbinsel sind für sie cromagnoide

Völkermerkmale typisch, die sich vor allem als nordischer Völkertypus darstellen, ferner mediterrane Mesokranie. Ein Teil der cromagnoiden Merkmale dürfte ebenfalls autochthon entstanden sein.

Dagegen haben sich die westlichen Slawen auf illyrischem Gebiet niedergelassen, vermischten sich mit den Illyriern, und hinterließen lediglich nordische Völkertypen.

Die Protobulgaren (heute als *Pamirbulgaren* erkannt) besiedelten vor allem die Dobrudža, Ost-Mösien, Süd-Makedonien in dichten Massen, die übrige Osthälfte der Halbinsel in geringerer Menge. Sie vertreten am häufigsten den turanischen Völkertypus, und dann eine Hybridform, den »Rassentyp des mittelasiatischen Zwischenflußgebiets«, einen hybriden Typ zwischen der europiden und der mongoloiden Volkergruppe. Er zeichnet sich durch dunkle Pigmentierung und brachykephalen Kopf aus.

Die Hautfarbe generell wird eingeteilt: weiß 85,35 %, schwach bräunlich 10,01 %, bräunlich 4,64 %; die meisten bräunlichen Typen in Thrakien, die wenigsten im Sofijoter Gebiet. Bei den Bulgaren werden am häufigsten dunkle Augen angetroffen (Männer 27,59 %, Frauen 31,51 %); bei den Männern am häufigsten – wie gesagt – dunkle Augen, dann bunte Augen, schließlich 8,69 % blaue Augen. Die Haarfarbe bei den Bulgaren ist am häufigsten die braune (Männer 42,6 %, Frauen 45,4 %), dann die schwarzbraune (41,2 % bzw. 37,8 %), die dunkelblonde (9,8 %), als letztes die blonde (6,0 % bzw. 6,4 %); hellblond kaum 0,3 %, rötlich 0,25 %.

Man nimmt heute an, daß die Heimat der dinarischen Völker die Balkan-Halbinsel ist. Deren armenoide Variante überwiegt im südlichen Teil der Halbinsel, man trifft sie auch in Bulgarien, Jugoslawien, Albanien; sie ist als autochthone Form auf der Balkan-Halbinsel entstanden. Die nördlichen Völkertypen werden auf der ganzen Halbinsel gefunden; sie treten als echte nordische bzw. westbaltische Arten auf, und als ostbaltische. Langsam kann man erkennen, daß die Merkmale der dinarischen und der mediterranen Völker bei der Vererbung dominant sind, die der nordischen Völker rezessiv. Die Türken zeigen vor allem pontische, nordische, dinarische und mediterrane sowie geringfügig auch mongolische Völkermerkmale.

Insgesamt kann man sagen, daß die Balkan-Halbinsel zum Areal der Anthropogenese überhaupt, und insbesondere des vernunftbegabten Menschen gehört. Die mediterranen Völker sind als evolutive Form während des Prozesses der Völkergenese erschienen. Die grazilen mediterranen Völkertypen sind in Vorderasien und auf dem Balkan entstanden. Die Grazilisation tauchte im letzten Jt. des Neolithikums auf und erscheint heute als abgeschlossen. Der armenoide Typ hat sich als Variante der dinarischen Völker erst in der Bronzezeit herausgebildet. Auch der *white basic type* hat sich neben dem östlichen Mittelmeergebiet ebenso auf dem Balkan herausgemendelt. Die Grundmasse der balkanischen Bevölkerung dürfte daher als autochthon angesehen werden.

Die für die Illyrier typischen Völkermerkmale mediterranen und dinarischen Typs sind autochthon, wie gesagt; der nordische Typus, dem 1/3 der Illyrier zugehören, ist offenkundig nicht einheimischer Herkunft. Die Slawen im Balkan sind nordischen Völkertyps. Die Pamirbulgaren sind die »Rasse des mittelasiatischen Zwischenstromgebietes« und gehören zur turanischen Völkergruppe. Die anthropologischen Untersuchungen der makedonischen Bevölkerung beweisen, daß auch sie zur bulgarischen Bevölkerung gehört. Das blonde Element ist keineswegs ausschließlich keltischer Beimischung in der Antike zuzuschreiben, sondern slawischer Beimischung zu autochthonen Bevölkerungen.

Die Bulgaren sind heute im Grunde ein slawisches Volk, in dem aber die Beimischungen der Proto- oder Pamirbulgaren nicht unwesentlich aufscheinen mit nordischen und mongolischen völkertypischen Merkmalen. Hingegen stammen die grazilen mediterranen, dinarischen und armenoiden Typen einheimisch autochthoner Herkunft ab. Sie scheinen zu dominieren, während die nordischen rezessiv sind.

Es scheint demnach so, als habe sich eine nichtindogermanische Bevölkerung im 5. Jt. aCn in Nordostbulgarien von heute niedergelassen, während erst frühestens 1000 Jahre später östlich einer Linie vom Wan-See zum Zagros-Gebirge südlich des kaukasischen Elburs in ebenfalls nichtindogermanischen Bevölkerungsschichten die Indogermanen sich heraus zu mendeln begannen. Die nordostbulgarische Gruppe hinterließ vor allem in Thrakien und der Dobrudža mächtige Siedlungshügel, wie man sie sonst in Europa nirgends gefunden hat, die als Zeichen regelmäßiger konstanter Siedlung angesehen werden. Leider hat man aber bisher um die Siedlungshügel herum noch keine Nekropolen entdeckt (was möglicherweise auf noch ungenügende Verfahren der Suche zurückzuführen ist).

Die Auswahl des Siedlungsgeländes dürfte auf natürliche Gegebenheiten zurückzuführen sein: leicht zu beackernder Boden und natürlich bewässertes Land in angenehmem Klima. Dadurch wird auch das Fehlen aller Spuren einer künstlichen Bewässerung verständlich. Zu welcher Höhe der Technologie so im Hinblick auf die rein technische Leistung wie im Hinblick auf die Ästhetik sich die Warna-Leute bereits emporgearbeitet hatten, beweisen vergoldete Gefäße aus Warna, aber auch aus einem Hügel bei BU-9817 Salamanowo bei Schumen und einem bei BU-3060 Kriwodol bei Wratsa: und Vergolden gilt als Gipfel aller Metallurgie.

Metallurgie entstand aus Kupfer und Gold, nachdem Fundstellen von Stein und Feuerstein erschöpft waren und deren Technologie nicht weiter zu entwickeln war. Ihre Schmelzpunkte liegen nahe beieinander, und beide können sowohl durch Hämmern wie durch Gießen geformt werden. Bemerkenswert ist hier auch, daß außer dem Bereich Warna kein anderes Gebiet in Europa bekannt ist, in dem sich so früh eine metallurgische Organisationsform gebildet hätte (oder auch außerhalb Europas). In der noch heute an Holz und Wasser reichen Gegend um BU-9000 Warna, BU-9168 Ezerowo, BU-9160 Dewnja und BU-9670 Durankulak beweisen die reichen Funde aus Kupfer und Gold sowie deren Verarbeitung die Existenz mindestens eines Metallurgie-Zentrums, das sich auf dem Kupfererz aus den Gruben bei BU-6000 Stara Zagora aufbaute.

Handelsbeziehungen erstreckten sich von Warna aus in den mittelmeerischen Raum, wie sie über 12 000 Dentalium-Muscheln und die vielen hundert Spondylus-Muscheln beweisen: die man wohl als »Münzen vor der Münze« ansprechen darf, als eine Art Geldersatz, noch bevor das Geld erfunden wurde. Daß mit ihnen die Kupfer- und Goldarbeiten aus Warna erkauft wurden, ist anzunehmen. Dieser Handel aber setzt ein vielfältig gefächertes sozial-ökonomisches System voraus, das »neolithische Muschelgeld« eine »neolithische Gesellschaftsordnung«. Prestige-Waren deuten auf den sozialen Rang ihrer Besitzer bzw. Käufer hin.

Die Neolithiker

Seit einigen Jahren ist eine Diskussion entbrannt, ob man die Geburt der europäischen Zivilisation und Kultur bereits in der Mitte des 5. Jt.s aCn an der Westküste des Schwarzen Meeres im heutigen Bulgarien als Schwerpunkt stattfinden lassen kann. Sie entstand durch den überwältigenden Fundreichtum in Nordostbulgarien um die heutige Stadt Warna. Datiert werden die Funde teils nach der konventionellen Methode zwischen 3500 und 3200 aCn, teils nach der Kalibrationsmethode C-14 zwischen 4600 und 4200 aCn; welche Daten auf jeden Fall früher anzusetzen sind als die des Alten Ägyptens oder Mesopotamiens (gleich, zu welchen Ergebnissen man dort bei genauerer Zeitmessung als bisher kommen mag). So wird die begonnene Diskussion bei offenem Ausgang wohl noch länger andauern, zumindest solange man keine sensationellen neuen Funde macht, die eine genauere Datierung erlauben. Auf jeden Fall aber handelt es sich bei den Funden wie bei den aus ihnen zu erschließenden Deutungen um Fragen und Antworten aus dem Neolithikum, der Jungsteinzeit von ca. 7000 bis ca. 2000 aCn.

Im Hist. Bezirksmuseum (Kardžali) befinden sich über 12 000 Fundstücke, darunter auch die folgenden aus der Zeit des Neolithikums (vgl. zu Abbildungen 1–48 auch die farbigen Bildtafeln S. 103 ff.)

Abb. 1 Der »Vierwirbel« (Sonnensymbol?) aus dem 6. Jt. aCn, Jaspis, H 5,6 cm, B 5,4 cm

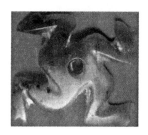

Das Mesolithikum endete nach einer gewaltigen Klimaveränderung und dem Verschwinden des Großwildes als Jagdbeute (Mammut, Elen, Rentier usw.), und zugleich mit der Kultur der Mondverehrung zunebst der Herrschaft des Matriarchats; und das Neolithikum begann mit der »neolithischen Agrarrevolution«, also der »Erfindung« der Landwirtschaft als neuer Lebensgrundlage, da die Großtiere als Lieferanten von Lebensmitteln nicht mehr zur Verfügung standen, sowie dem Einsetzen des Sonnenkultes zunebst der Herrschaft des Patriarchats. Das wird deutlich an der Himmelsscheibe von Nebra (ca. 1500 aCn) wie dem Sonne- und Mond-Fenster in Stonehenge – Demonstrationen des Bemühens der »Priester-Könige«, ihrem Volk zu verdeutlichen, daß in der neu einsetzenden Zeit der Sonnenherrschaft auch der Mond weiterhin gleichberechtigt herrsche.

Abb. 2 Frauenfigur, ca. 3500 aCn, inkrustierte Ornamente betonen den Faltenwurf des Gewandes.
H 10,6 cm, B 5,1 cm

Abb. 3 Sitzende Figur, ca. 3500 aCn; die sitzende Frauenfigur auf Stuhl mit dreieckiger Lehne durch schematisch eingeritzte Linien dargestellt; die Arme unter der Brust verschränkt.
H 11,6 cm, B 5,8 cm

Das dänische Dreiperiodensystem

Es war der dänische Kaufmann CHRISTIAN JÜRGENSEN THOMSEN (1788–1865), der sich als Autodidakt zum Prähistoriker und Altertumskundler entwickelte und als nebenamtlicher Leiter 1816–1840 der Altertümersammlungen in Kopenhagen (dem späteren Nationalmuseum) durch die Aufstellung und Zuordnung des Fundmaterials zum Begründer des *Dreiperiodensystems* wurde: der Einteilung der menschlichen Geschichte nach dem jeweils vorherrschenden Material in *Steinzeit, Bronzezeit, Eisenzeit* (heute müßte man wohl als 4. Zeitalter die *Kunststoffzeit* anhängen).

Die Idee von aufeinanderfolgenden Zeitperioden geht schon auf antike Vorstellungen (etwa von HESIOD und LUKREZ) zurück, doch wurde sie erst wichtig, als die zunehmende Intensivierung der prähistorisch-archäologischen Forschungen in den ersten Jahrzehnten des 19. Jh.s die Frage nach einer sinnvollen Ordnung des stetig wachsenden Fundmaterials immer drängender machte. Das Vorgehen THOMSENs wurde wohl unabhängig von ihm und untereinander durch Ausgrabungsergebnisse des Rektors J. F. DANNEIL zu Salzwedel (1783–1868) und den Archivar G. C. F. LISCH (1801–1883) zu Schwerin bestätigt.

Abb. 4–6 Neolithische Keramik-Grabbeigaben aus Warna (ca. 5000–ca. 4500 aCn)

Mit zunehmender Verfeinerung der Funde und Erkenntnisse begann man, die Grundperioden weiter aufzuspalten, was wesentlich auch durch die geographischen Unterschiede bestimmt wurde. So wurde die *Steinzeit* zunächst in die 3 Gruppen *Paläolithikum* = Altsteinzeit = ca. 3 Millionen Jahre bis ca. 10 000 Jahre aCn aufgespalten, das *Mesolithikum* = Mittelsteinzeit = ca. 10 000–ca. 7000 Jahre aCn, das *Neolithikum* = Jungsteinzeit = ca. 7000–ca. 2000 aCn.

Die Endzeit des Neolithikums wiederum wurde grob in die *Kupferzeit* im 3. Jt. aCn, das *Chalkolithikum* = Kupfersteinzeit = Eneolithikum =

ca. Ende des 3. bis Anfang des 1. Jt.s aCn, die *Bronzezeit* mit den Unterabteilungen *früh* = A des 2. Jt.s bis ins 16. Jh. aCn, *mittel* = 16.–12. Jh. aCn, *spät* = 12.–8. Jh. aCn, und seit der Mitte des 2. Jt.s aCn die *Eisenzeit* aufgegliedert, die im Maschinenzeitalter noch weiterlebt (wenn auch Kunststoffe sie immer mehr einengen).

Das Neolithikum begann mit der »neolithischen Revolution«, dem Übergang vom sammelnden zum produzierenden Lebensstil: mit der Domestikation von Schaf und Ziege und Rind und der Kultivierung und Züchtung von Getreide (zuerst Gerste). Die Periodisierung gilt streng genommen eigentlich nur für Europa, genauer: für Mittel-, West- und Südosteuropa. Sobald man diesen Raum verläßt, gilt zwar die grundsätzliche Idee auch weiterhin, daß man die Funde periodisieren kann (etwa nach der Lage im Boden und der Lage zueinander). Doch treffen die Bezeichnungen immer unbestimmter zu und werden durch jeweils geographisch eng gebundene weitere Bezeichnungen präzisiert oder gar verdrängt.

Die Funde von Warna

1972 machte der Traktorfahrer RAITSCHO MARINOFF beim Ausheben eines Elektrifizierungsgrabens die sensationelle Entdeckung eines Goldschatzes aus rund 2000 goldenen Einzelstücken im Gesamtgewicht von über 5,5 kg nahe bei Warna. Genauere Nachgrabungen und Untersuchungen ergaben, daß sich 8 im See von Warna inzwischen versunkene Siedlungen um die Nekropole gebildet hatten, daß also die Landschaft relativ dicht besiedelt war.

Und auch die Nekropole selbst muß in zwei Gruppen geteilt werden. Warna II aus dem frühen Chalkolithikum (nach C-14 ca. 4000 aCn) mit reichen Grabbeigaben aus Gold, und das frühere Warna I (nach C-14 spätes Neolithikum ca. 4500 aCn) mit ärmlich gebrannter Keramik, die teilweise sogar nur sonnengetrocknet ist.

Spondilus- und Dentalium-Muscheln sind nicht die einzigen Spuren des neolithischen Fernhandels: man hat bei Karbuna am mittleren Dnjestr etwa 443 Kupferwerkzeuge gefunden, andere nahe der Stadt Saratov an der Wolga, im slowakischen Velke Raschkovce zusätzlich auch anthropomorphe Goldamulette. Damit zeichnen sich in die Landkarte die Orte ein, mit denen solcher Fernhandel betrieben wurde. Zu ihnen muß man aber auch die mittelbulgarischen Funde vom Schatz aus BU-5058 Chotnitsa bei Weliko Tûrnowo oder die Kultszene aus BU-9805 Owtscharowo bei Schumen rechnen, oder jenes Piktogramm aus BU-8934 Karanowo bei Nowa Zagora, in dem manche Wissenschaftler älteste Ansätze der Idee des Schreibens erblicken wollen.

Die »symbolischen Gräber«

Bisher hat man rund 1000 chalkolithische Hügel entdeckt, die aus Siedlungen und Dörfern entstanden sind. Von diesen Hügeln in Bulgarien hat man 9 vollständig untersucht, etwa 40 angeschnitten, also höchstens insgesamt 5 %. Niemand weiß, wieviele Hügel es in Bulgarien wirklich gibt (manche schätzen die Zahl der noch nicht untersuchten auf mindestens 10 000), niemand was man in ihnen noch entdecken wird. Erste Erkenntnisse aus den Funden nach 1972 sind die folgenden:

Man hat rund 7500 Quadratmeilen untersucht und 294 Einzelgräber erforscht, die alle zum Spätchalkolithikum zu rechnen sind. Die unterschiedlichsten und reichhaltigen Funde der Grabbeigaben erlauben es, die Gräber in 3 Gruppen zu untergliedern: (1) symbolische Gräber (Gräber ohne menschliche Überreste), (2) Männergräber, (3) Frauengräber.

Abb. 7–10, 12 Neolithische anthropomorphe und andersgestaltige Keramik-Grabbeigaben aus Gabrowo (ca. 4500–4000 aCn)

Abb. 11 Spätchalcolithikum: Miniaturkultszene – 3 Altäre, 4 Priesterinnen in Adorationshaltung, 3 Rechtecktische, 3 Gefäße mit Deckeln, 8 Stühle mit Lehnen, 3 Trommeln, 2 Schalen. Alles rot bemalt. Die Ornamente auf den Altären werden als Kalenderzeichen angesehen. Die Szene entstammt wohl einem realen Heiligtum. (Hist. Mus. Tûrgowschte) Grabbeigabe aus Gabrowo ca. 4500–4000 aCn

Die *symbolischen Gräber*, die man aus Südosteuropa bisher überhaupt nicht kannte (bisher ca. 40), kann man nach dem Reichtum der Grabbeigaben in unterschiedliche Typen gliedern: einmal solche mit reichen Goldbeigaben; dann solche mit Begräbnismasken von menschlichen Gesichtern; ferner solche mit allen Merkmalen eines Kenotaphs, also eines leeren Ehrenmals; schließlich die meist diskutierten mit künstlich zerbrochenen menschlichen Knochen, die verstreut vorliegen: alles Knochen von deformierten Menschen, vor deren Wiederkehr man offenbar die Gesellschaft durch diese tiefsten Gräber schützen wollte.

Zu den *Männergräbern* zählt vorrangig Grab Nr. 43, in dem ein Mann von ca. 45 Jahren beigesetzt wurde, ein athletisch gebauter Fürst oder Priester oder König, dem man 991 Goldobjekte im Gesamtgewicht von 1,5 kg mitgegeben hat.

Die *Frauengräber* zeichnen sich vor allem dadurch aus, daß in ihnen kaum Werkzeuge, dafür aber um so mehr Schmuckgegenstände beigegeben wurden. Die Leichen wurden in gebeugter Seitenlage (meist auf der rechten Seite) bestattet (in Männergräbern in Rückenlage).

All dieses spricht von langen Traditionen, die in der spätchalcolithischen Gesellschaft des heutigen Bulgariens lebten. Eine geschichtete Gesellschaft, in der Priester-Könige herrschten von großem persönlichem Wohlstand. Das Fundmaterial aus Gold und Kupfer, aus Feuerstein, Stein und anderem spricht nach Zahl und Technologie und Form von der Existenz eines großen Gold- und Kupferzentrums in einer wohlorganisierten Gemeinschaft unmittelbar an der Schwelle jener Gesellschaftsform, die man Sklavenhaltergesellschaft nennt.

Die Funde und ihre Datierungen lassen sich nach und nach deutlich als Verlauf des Vordringens aus dem Osten in den Westen erkennen: die Ost-West-Wanderung der Chalkolithiker.

Die chalkolithische Gesellschaft

Sie fand in Bulgarien im 5. Jt. aCn statt und bildet den Abschluß der großen neolithischen Revolution auf dem Gebiet von Viehzucht und Landwirtschaft auf dem Balkan gegen Ende des 7. Jt.s nach der Entdeckung des ersten Metalls (Kupfer) gegen Ende des 6. Jt.s bei Ajbunar nahe Stara Zagora, wo die Entwicklung der balkanokarpathischen Metallurgie-Provinz ihren Ausgang nahm. Mit der Metallurgie entstanden auch die ersten wirklichen Handwerker, die Schmiede nämlich, die ihre erworbenen Kenntnisse als »Geheimwissen« an ihre Nachfolger weiterreichten und zu Schmiede-Göttern bzw. Schmiede-Helden wurden. Zugleich nahm die Spezialisierung in anderen Handwerken zu: Töpferei, Lederbearbeitung, Feuersteinwerkzeuge usw.

Abb. 13–15 Neolithische Gold- und Kupferfunde aus Gräbern bei Warna (6.–5. Jt. aCn)

Die Dörfer entstanden nach vorgegebenem Schema: Straße und Bauten richteten sich nach den 4 Himmelsrichtungen aus; als wichtigstes mußte ein solides Wehrsystem entstehen; der Stein wurde zum Baumaterial. Der Gedanke an gesellschaftlichen Egalitarismus (wie immer er auch ausgesehen haben mag, wenn er denn je bestanden hat) wurde zerstört durch Großbauten, die meist in der Mitte des Ortes entstanden: aber nicht als Kultstätte, und durch 2stöckige Bauwerke.

Im Rohstoffhandel zwischen unterschiedlichen Regionen wurden Kupfer, Gold, hochqualitativer Stein, Muscheln von der Art Spondylus und Dentalium, Obsidian, Quarz, Lazulit usw. immer wichtiger, als die Handwerker sich immer mehr nach den Bedürfnissen eines entstehenden Adels ausrichteten. Gewisse Regionen eilten dabei anderen voraus: so Orte an der Schwarzmeerküste. Sie stellten eine Zivilisation dar, die sich von der jungsteinzeitlichen unterschied durch den höheren Lebensstandard und die dadurch notwendig werdende neue soziokulturelle Organisationsform. In diese erlauben vor allem die Begräbnisriten einen guten Einblick, da sie Informationen über das Bild geben, das die Gesellschaft von sich selbst hatte.

Natürlich muß man zu den Funddaten auch die Daten aus dem Nahen Osten hinzunehmen: vom Neolithikum vor der Töpferei bis zu den frühen Staatsbildungen. Bisher studierte man in Bulgarien das Fundmaterial aus Ruse und Kubrat und Owtscharowo, aus Poljanitsa, Tûrgowischte, Lilljak und Winnitsa, aus Radingrad, Goljamo Deltschewo, Dewnja und Durankulak sowie den Nekropolen Warna I und Warna II. Heute kann man sie in 3 Gruppen gliedern, die zugleich blühten: Karanow VI, Gumelnitsa, Warna.

Die 1. Gruppe schließt die Begräbnisse von Ruse und Kubrat mit ein, die innerhalb der Stadtmauern stattfanden. Die Leichen wurden in Hockerposition beigesetzt. Lediglich 23 der 77 bisher ausgegrabenen Beisetzungen haben Grabbeigaben erhalten: Keramikgefäße, Werkzeuge, Schmuck. Symbolische Gräber wurden nicht gefunden.

Die 2. Gruppe umfaßt Plätze in und bei Winnitsa, Radingrad, Goljamo Deltschewo, Owtscharowo, Poljanitsa, Lilljak und Tûrgowischte mit einem sehr viel komplexeren und unterschiedlichen Bild der Begräbnisriten. Vor allem finden die Beisetzungen außerhalb der Mauern statt und immer nach Westen der Siedlung. Hockerbeisetzung. Grabbeigaben wechseln nach Geschlecht, Alter, sozialem Stand der verblichenen Person. Symbolische Gräber wurden überall festgestellt; manchmal sogar geheiligter Boden.

Die 3. Gruppe umfaßt die Nekropolen vom Schwarzen Meer: Durankulak, Dewnja, Warna I und Warna II. Sie alle sind unmittelbar mit der chalkolithischen Nekropole Warna in Beziehung und werden daher einzeln dargestellt:

Dewnja: spätes Chalkolithikum, 26 Begräbnisse wurden untersucht (6 Männer, 5 Frauen, 4 Kinder, 4 Kenotaphe, 6 zerstört, 1 Pseudograb). Männer wurden ausgestreckt auf dem Rücken beigesetzt. Frauen in Hockstellung. Spuren von rotem Ockerstaub (= Blutsymbol als Zeichen des Lebens?) in 5 Gräbern. Grabbeigaben zwischen Männer- bzw. Frauengräbern sehr verschieden. 2 reiche Männergräber mit kupfernen Hammeräxten, goldenen Ohrringen, Feuersteinplättchen, Perlen aus Spondylus und Lignit, Keramikgefäßen. Das Grab einer Frau, die im Kindbett verstorben war, mit steinernem Breitbeil, einer Hammeraxt aus Knochen, einem Feuersteinplättchen von einer Sichel, 4 Gefäßen; ein weiteres Frauengrab mit Webstock, Kupferahle, Feuersteinmesser, 3 Gefäßen. Das Grab eines Knaben mit Spondylus-Schmuck, 4 Gefäßen, einer kupfernen Miniatur-Hammeraxt, 13 Sprungbeinen vom Lamm (die man wohl als Amulett trug).

Durankulak: über 1200 Begräbnisse seit dem Spätneolithikum. Ein Siedlungshügel aus dem Chalkolithikum auf der Golemijat Ostrov (= Große Insel).

Abb. 16, 17 Neolithische Keramik-Grabbeigaben ca. 4500–4000 aCn (vielleicht aus Stara Zagora) im Archäologischen Museum in Sofija. Die Ritzungen auf den weiblichen Figuren dürften wohl Tätowierungen darstellen, deren Sinn noch unbekannt ist, ebenso wie die Doppelfigur (Mitte), die vorne wie hinten die weibliche Figur zeigt.

Früheste neolithische Siedlungen an der Westseite des Sees nördlich der Nekropole. Die Nekropole ist terrassenförmig organisiert und bietet für die Leichname 3 Positionen: für Männer Rückenlage, für Frauen Hockerbestattung, 8 Begräbnisse in sitzender Position. Als Spuren der Beisetzungsriten erkennt man Fragmente der *in situ* zerbrochenen großen Gefäße sowie die Schädel pflanzenfressender Tiere wie Rind, Schaf, Wildesel usw. In einer Reihe von Fällen wurde die Leiche mit Gefäßfragmenten überstreut, die vormals das Beisetzungsessen enthielten. Merkwürdig ist, daß sich nirgendwo Tierknochen finden. Als Grabbeigaben gelten Keramikgefäße, Schmuck aus Muscheln von Spondylus und Dentalium, Perlen aus Rentierzähnen, Idole und Werkzeuge. Fast 50 % der neolithischen Gräber enthalten Beigaben, die sich nach Geschlecht, Alter und sozialem Status der Verblichenen unterscheiden. Grab 626 fällt auf, weil es 4 Tonidole neben reichem Frauenschmuck und ebenso reicher Frauenkleidung enthält. Die Gräber sind durch verschieden placierte Steinplatten markiert. Symbolische Gräber wurden überall gefunden. Am flachsten sind Gräber für Kinder ohne Beigaben, tiefer Gräber für Kinder mit Beigaben, noch tiefer Frauengräber, am tiefsten Männergräber; auch bei den symbolischen Gräbern sind die reichsten zugleich die tiefsten. Grabbeigaben enthalten Keramikgefäße, Handwerkszeuge und Waffen aus Kupfer, Stein, Knochen und Feuerstein, Ornamente und Amulette. In einigen Fällen waren die Skelette mit Ockerstaub oder Holzkohlenasche bestreut. Die Beigaben in den reichen Gräbern sind entsprechend kostbarer nach Material und Fertigung. Ohrringe aus Gold und Kupfer wurden ausschließlich in Frauengräbern gefunden. Die beigesetzten Idole halten die Arme ausgestreckt, die Beigaben entsprechen denen reicher Menschengräber.

Warna: Die Begräbnisse in den Nekropolen außerhalb der Stadtmauer können in 3 Gruppen gegliedert werden – (a) solche mit Männerleichnamen vorwiegend in Rückenlage, (b) solche mit Frauenleichen vorwiegend in Hockerstellung, (c) symbolische Gräber (Kenotaphe, Ehrengräber). Da über 17 % aller bisher untersuchten Gräber symbolisch sind, sollen sie nach ihrer Typik dargestellt werden:

(A) Reiche *Gräber mit Idolen*: 6 im Südteil der Nekropolis. Die erste Gruppe stellt »männliche« Idole dar: mit Goldpektorale, Szepter-Axt, Kupfer- und Steinwerkzeug. Lagen aus rotem Ocker und schwarzer Materie. Die zweite Gruppe stellt »weibliche« Idole dar: die in gleichmäßige Proportionen gepreßten Tongesichter sind mit Diadem und Halskette geschmückt, besitzen anthropomorphe Amulette und Webstöcke, und konvexe muschelähnliche Knochenidole finden sich in 4 der Gräber.

(B) Reiche *Gräber mit gemischten Beigaben*: 6 im Südteil der Nekropolis. Goldschmuck, Kupfer- und Feuersteinwerkzeuge, Dentalium-Muscheln hat man in allen gefunden. Schwarzes Material und roter Ocker; goldene anthropomorphe Amulette, Webstöcke usw. gelten als »weiblich« – Figuren von goldenen Stieren, Modelle von Sichel und Joch und der Szepter-Axt als »männlich«.

(C) Symbolische *Gräber mit Teilen des Skeletts*: 10 Gräber in dieser Gruppe, die alle zu den tiefstangelegten gehören. Konvexe muschelförmige Knochenidole sind allen als Grabbeigaben beigefügt. Die Knochen wurden als von Männern wie von Frauen identifiziert. Den Knochen einer Frau ist z. B. ein goldenes anthropomorphes Amulett beigefügt, denen eines Mannes z. B. 4 goldene Bogenplatten (die man nur in Männergräbern findet).

(D) Symbolische *Gräber mit allgemeinen Beigaben*: 34 in der ganzen Nekropole enthalten Beigaben wie alle Kenotaphe.

Abb. 18, 19 Museum Warna: Beisetzung mit Goldschmuck; Feuersteinwerkzeuge und Goldschmuck

Die keramische Chronik

Der größte Teil der künstlerischen Ausdrucksformen des prähistorischen Menschen, der auf uns gekommen ist, besteht aus Arbeiten der Töpfer. In Bulgarien sind in der Beziehung bedeutende Funde u.a. in Karanowo, im Asmaschka-Siedlungshügel bei Stara Zagora, im Dorf Kapitan Dimitrowo, in den Dörfern Bikowo, Muldawa, Balbunar, Sawet, Tschavdar, Goljemo Deltschewo, Winitsa, Kriwodol, in den Siedlungshügeln Jassa Tepe bei Plowdiv bei Kazanlûk, den Pfahldörfern im Warnaer See, den Höhlen Magura (bei Widin) und Imamowa Dupka (bei Smoljan), usw. getätigt worden. Leider aber ist der größte Teil der Funde bis heute nicht publiziert, sodaß er außer wenigen Wissenschaftlern unbekannt geblieben ist und in keine Gesamtübersicht eingehen kann.

Erste Versuche einer Zusammenschau und Einordnung der »bulgarischen« Keramik etwa seit 5000 aCn hat dankenswerter Weise ANA RADUNTSCHEWA unternommen. Ihren Darstellungen folge ich hier; denn sie hat durch unermüdliches Vermessen und Vergleichen aller in Fachpublikationen bereits veröffentlichen und großer Mengen allen unveröffentlichten Materials nicht nur die Grundlagen für eine relative Chronologie dieser Kunstgegenstände erarbeitet, sondern auch viele geistreiche und überzeugende Deutungen vorgetragen. Und größere geschichtliche Einschnitte erkannt, von denen sonst nichts mehr berichtet: etwa das Eindringen fremder unbekannter Kulturträger aus fremden unbekannten Gegenden (oft wohl aus Kleinasien bzw. Anatolien).

DAS NEOLITHIKUM ODER DIE JUNGSTEINZEIT

Die wahren Kunstwerke der Zeit ab etwa 5000 aCn haben meist Tulpenform. Der untere Teil der Gefäße ist leicht abgerundet und geht mit graziös geschweifter Linie zur Öffnung über. Sie stehen auf hohem Fuß. Vielfältige Ornamente verzieren die oft leuchtendrot bemalten Oberflächen. Hohe Becher mit flachen Böden werden oftmals mit stilisierten Menschenhänden geschmückt: jeder arbeitenden Hand, die alles Nützliche und Schöne schafft, der alles vermögenden und alles besiegenden Menschenhand. Sie spielt in der dekorativen Technik der Neolithiker eine Hauptrolle.

Abb. 20 Tulpenförmiges Gefäß; 31 cm hoch, 17 cm Durchmesser; rote Farbe, gut polierte Oberfläche mit weißer Humusfarbe bemalt; Asmaschka, bei Stara Zagora

Im SO wird der leuchtendrote Untergrund oft mit weißer Humusfarbe bemalt; im W meist mit brauner, roter, oder schwarzer. Im Frühneolithikum taucht im NW erstmals als dekoratives Element die Swastika (das »Hakenkreuz« als Symbol eines Sonnenkultes) auf: sie soll wohl die belebende Kraft des Sonnenlichtes und die ewige Bewegung in der Natur veranschaulichen. Diese frühneolithische Keramiktradition weist mit der aus Westanatolien stammenden viele Gemeinsamkeiten auf. Daher nimmt man an, daß die ersten neolith. Bewohner »Bulgariens« (s und w der Rhodopen) zur gleichen Zeit der anatol. Früh-Hadžilar-Zeit ins Land gekommen sind.

Abb. 21 Teil einer Tonschüssel; Frühneolith., bei Lowetsch; Farbe rot, gut poliert, mit weißer Humusfarbe bemalt; Dekoration: Swastika

Abb. 22 menschliches Antlitz auf Tongefäß; Asmaschka bei Stara Zagora; 7,6 cm Höhe, 6 cm Durchmesser des Bodens; Farbe blaßbraun, grobe Oberfläche

Abb. 23 menschliches Antlitz auf anthropomorphem Tongefäß, bei Hotnisan; 14,5 cm Höhe; Farbe hellbraun, glatte Oberfläche

Abb. 24 Kopf einer menschlichen Tonfigur, 2. H Eneolithikum, Karanowo-Siedlungshügel; Farbe hellbraun, grobe Oberfläche, Kreise am Kinn und höchster Teil des Kopfes mit grüner Kupferfarbe, Gesicht rot; 7,2 cm Höhe, 9,5 cm Breite

In der 2. H des Neolith. setzen sich zwar die Gefäßformen fort; doch die Schmuckformen werden eintönig: einerseits wegen der einsetzenden Monochromie, andererseits durch die schmalen Kannelüren, die als horizontale Gürtel das ganze Gefäß umziehen. Schöpferische Phantasie beweisen vor allem röhrenförmige Gefäße, die selten anzutreffen sind, hie und da anthropomorphe Formen aufweisen, und sicherlich mit Kultriten zusammenhängen.

Kultische Bestimmung hatten wohl auch die hochkünstlerischen tönernen Lampen in Form gleichseitiger Dreiecke: auf den breiten Wänden und dem Fuß hat der Künstler geometrische Ornamente aus weißer Materie inkrustiert: Kreise, Punkte, Dreiecke, Voluten usw.

Am E der Jungsteinzeit gegen E des 5. Jt.s aCn trifft man in der Kulturgruppe Karanowo III Elemente an, die der vorher lebendigen einheimischen Tradition völlig fremd waren. Sie sind urplötzlich in solch vervollkommneten Formen aufgetaucht, daß man von einer von außerhalb auf »bulgarisches« Territorium hereingebrachten, bereits vollständig entwickelten kunstreichen Produktion sprechen muß. Von besonders schöner und edler Form sind die Trinkgefäße: sie nehmen direkt am Fuß des Gefäßes mit dem Henkel ihren Anfang, der zylinderförmig senkrecht nach oben steigt, wo er breit und knospenförmig ausläuft.

Auch die spätneolithischen Kannen deuten auf ein verfeinertes Kunstgefühl hin: am Boden breit, verengen sie sich allmählich, und gehen dann in noch engere, graziöse Hälse über. Die Henkel sind stets hoch und reichen oft bis zur Öffnung, oder gar darüber hinaus. Nie aber hat der Töpfer versucht, eine plastische Tierfigur darzustellen, um das obere freie Henkelende künstlerisch abzuschließen. Diese Keramik ist ebenfalls insgesamt monochrom, und am E des Neolith.s grau. Sie ist ebensowenig wie die vorhergehende mit dem früheren Zeitabschnitt in Verbindung zu bringen; also muß auch dieser Kunststil in der Ferne entstanden sein.

Oftmals hat übrigens der Mensch des Neolithikums die Wände seiner Wohnung mit geometrischen Zeichnungen oder einfach mit breiten, durch gleichmäßiges Darüberstreichen mit den Fingern entstandenen Feldern verziert.

Die Stein-Kupfer-Zeit des Eneolithikums

Diese Übergangszeit hat sich (bisher erkennbar) lediglich in einem Teil der Thrakischen Tiefebene um Plowdiv, Stara und Nowa Zagora, sowie einigen anderen Städten Südbulgariens abgespielt. Wie kurz andererseits diese Periode gewesen sein muß, läßt sich daran erkennen, daß sie etwa in Kalojanowets bei Stara Zagora lediglich eine Kulturschicht von 0,25 bis 0,35 m hinterlassen hat. Frühere Arbeitsweisen in der Gegend sind den neuen Töpfermeistern völlig fremd geblieben. Die aus dem Neolithikum bekannten Fertigungsweisen und Verzierungen sind verschwunden. Von den verblüffend schönen Gefäßen aus dem Neolithikum, die auserlesene Formen aufwiesen, ist keine Spur mehr zu finden. Die primitiven Formen und Ornamente der Tonerzeugnisse dieser Periode gemahnen in nichts an die vornehme Schönheit der neolith. Gefäße. Die neuen Formen entstanden nur am E des 5. und am A des 4. Jt.s aCn.

Abb. 25 Tonschüssel Übergangsperiode, aus Korten bei Nowa Zagora; Farbe grau, grobe Oberfläche, tiefe Einkerbungen; 4 cm Höhe, 10 cm Durchmesser

Als dekoratives Motiv wird die breite, tief in die Oberfläche der Gefäße eingekerbte Linie benutzt. Zuweilen sind Gruppen von Einkerbungen bogen- oder fächerförmig ausgebildet. Charakteristisch für den Töpfer dieser Zeit ist, daß er die Verzierungen gleichmäßig und mit derselben Sorgfalt auf der Innen- wie der Außenseite der Gefäße anbrachte: oft ergeben sich so schachbrettartige Ornamente. Man kann also feststellen, daß diese Kultur im Hinblick auf die Traditionen des älteren Neolithikums völlig vereinzelt dasteht.

Im 4. Jt. aCn, also der ersten H der Stein-Kupfer-Zeit, tritt bereits zu Beginn die Kulturgruppe »Maritsa« auf. Die aus dieser Epoche stammenden Gefäße weisen außerordentlich mannigfache Formen auf. Am liebsten aber hat der Töpfermeister in dieser Periode breite, flache, wenig hohe Schüsseln gefertigt. Oder besser: damals verlangte das Publikum vor allem nach solchen Formen. Verziert sind die Gefäße mit eingekerbten Gürteln, die von kleinen, reliefartigen Zähnchen unterbrochen werden. In der Regel sind diese Gürtel so angeordnet, daß sie dekorative Felder bilden und miteinander abwechseln.

Abb. 26 Tonschlüssel, 1. H Eneolithikum, Karanowo-Hügel; polychrom (außen mit Inkrustationen aus gelbem Ocker, innen mit gelbem und rotem Ocker bemalt), Oberfläche gut geglättet; 7,1 cm Höhe, Durchmesser des Bodens 5,6 cm, Durchmesser der Öffnung 21 cm

Oft kommt es vor, daß diese Verzierung mit einem gemalten polychromen Ornament auf der Innenseite zusammengestellt ist, wobei nicht selten rote, gelbe, weiße, sogar schwarze Humuserde Verwendung als Farbstoff findet. Eine andere für diese Periode typische Gefäßform ist die der lilienförmigen Schüsseln. Deren 4 Wände ragen hoch empor, und zwischen ihnen bilden sich kleinere oder größere Einbuchtungen. Meistens sind diese lilienförmigen Gefäße verziert mit vertikalen Feldern aus der polierten Oberfläche mit einem Graphitornament. Mannigfach sind auch die gleichzeitig auftauchenden viereckigen Kultlämpchen, die oft mit zoomorphen Darstellungen geschmückt sind. Doch finden sich auch plastische und reliefartige Ausschmückungen.

Abb. 27 Tongefäß, 1. H Eneolith., aus Gradeschnitsa; Farbe dunkelgrau, Oberfläche poliert; 66 cm Höhe, Durchmesser 45 cm

Zur gleichen Zeit blühte im NO eine Kultur, die sich über ein relativ großes Territorium verbreitet hat. Die gefundenen Gegenstände sind völlig originär und werden in keinem der übrigens Landesteile entdeckt. Charakteristisch sind große Gefäße, deren unterer Teil die Form eines umgekehrten Kegelstumpfes hat, während der obere hoch zylindrisch ist. Sie sind mit reichem Graphitornament aus parallelen horizontalen oder mäanderförmigen Gürteln verziert. Als dekorative Elemente treten auf mit Graphitfarbe bemalte Dreiecke, rhombenförmig sich überschneidende gerade Linien, Kreise und Punkte, Rechtecke und Voluten und Spiralen, konzentrische Kreise u.a.m. Unmöglich, alle Zusammenstellungen, die bisher bekannt wurden, auch nur aufzuzählen. Meist wurde übrigens die Technik des positiven und des negativen Elementes verwendet.

Am schönsten sind Gefäße von hoher zylindrischer Form auf hohen zylindrischen Füßen. Bei ihrer Ausschmückung wurde ein ungewöhnlicher Einfallsreichtum zur Geltung gebracht. Reichste Vielfalt dekorativer Motive herrscht vor. Breite Bänder bilden bald konzentrische Kreise, bald sind sie in verschiedenen Winkel gelegt, so daß sie Felder von sich auf verschiedene Weise berührenden Figuren bilden. Die Inkrustierung geschah vornehmlich mit weißer Humusfarbe. Gelber Ocker wurde fast nie verwendet. Auf der Innenseite der Öffnung wurde fast immer ein Band aus rotem Ocker angebracht. Diese Gefäße dürften mit religiösen Riten zur Verehrung irgendeiner Gottheit in Verbindung stehen. Sie erzeugen das Gefühl von Bewegung und Schwung, und symbolisieren wohl den Kult der sich wandelnden alten und doch ewig neuen Natur – der Sonne, des Lichtes, des sich neu gebärenden Lebens.

Aus derselben Zeit stammen aus SW Bulgarien Kulturdenkmale ebenfalls eigener Prägung. Die Keramikgefäße sind von origineller Schönheit und zeugen von edlem Geschmack. Während in den zuvor besprochenen geographischen Gebieten Grafitto und Inkrustierung das Wichtigste waren, zogen die Töpfermeister in SW Bulgarien es vor, die Gefäßwände zu bemalen, vor allem mit rotem und gelbem Ocker.

Und in NW Bulgarien blühte die Kultur »Gradeschnitsa« auf. Die Meister bevorzugten hier große Formen mit von den eingekerbten dekorativen Motiven stark zergliederten Oberflächen. Die Gefäße sind fast birnenförmig. Ihre Oberfläche ist in mehrere dekorative Felder aufgegliedert. Jedes dieser Felder stellt eine hinsichtlich der Grundidee vollendete dekorative Einheit dar. Man suchte ganz offensichtlich Harmonie sowohl zwischen der Form des Gefäßes und des Ornamentes bzw. ihrem Kontrast wie auch im Kontrast zwischen den einzelnen Feldern mit dekorativen Motiven.

Oft findet man das eingekerbte mäanderförmige Element, oft auch die zickzackförmige gebrochene, ebenfalls eingekerbte Linie. Während aber jede örtliche Gruppe ihren eigenen Arbeitsstil und ihre Gesamtkonzeption hinsichtlich der Schmuckelemente hat, sodaß ihre Produkte untereinander nicht zu verwechseln sind, kann man in der folgenden Kulturgruppe »Karanowo VI/Kodžadermen« zwischen den Keramikerzeugnissen der einzelnen Landesteile kaum einen Unterschied machen.

Am bezeichnendsten sind für diese Periode Schüsseln, deren unterer Teil einen umgekehrten Kegelstumpf darstellt, während der obere Teil niedrig zylindrisch ist. Verblüffend sind die graziös sich schlängelnden liegenden Figuren mit vereinfachten, aber edlen Formen. An aufgerollte Spiralen reihen sich schräg angebrachte Graphitlinien, die die verschiedenartigsten geometrischen Figuren abgrenzen. Sehr oft besteht das dekorative Motiv aus nebeneinander liegenden gleich breiten schrägen Graphitlinien, die nur durch sehr schmale, nicht mit Graphit ausgefüllte Streifen, Dreiecke und Rhomben, oder sogar nur durch unbestimmte geometrische Zusammenstellungen voneinander getrennt sind. Ungewöhnlich schön ist hier das Ornament aus verschiedenen Kombinationen von Rhomben, Rechtecken, Dreiecken, Voluten, Spiralen usw. Oder die Zusammenstellung kleiner oder größerer Kreise, die mit Graphit ausgefüllt aus der polierten Oberfläche gebildet sind.

Zuweilen stellt auch die Zusammenfügung von Relief- und Graphitverzierung eine besondere Leistung dar: es sind dies gewöhnlich flache schmale Kannelüren, die horizontal verlaufen; an die Ränder der Kannelüren aber sind kleine dünne Graphitstreifen gemalt, die je nach Tageslicht unterschiedlich schimmern, das Licht also je nach dem Auffallwinkel unterschiedlich spiegeln.

Zuweilen aber sind die Wände ganz und gar mit schachbrettartigen Feldern bedeckt – manche mit Graphit ausgemalt, andere gut poliert und unbemalt. Das häufigste Ornament scheint hier eine eng gewundene Spirale zu sein, ein dichter in 4 gleiche Teile geteilter Graphitkreis, wobei in jeden der 4 Abschnitte allerlei dekorative Elemente gemalt sind, gewöhnlich solche von runder Form wie Voluten, Spiralen, Kreise usw.

Wunderschön sind große Gefäße zwischen 0,30 und 1,20 m Höhe, die am oberen Rand ein reliefartiges Band schmückt, das auf den ersten Blick auf die seltsamste Weise sanft in eine breite bogenförmige Windung übergeht. Das Motiv wiederholt sich an der gleichen Stelle: aber umgekehrt. So entsteht zwischen den beiden bogenförmigen Linien eine fast geschlossene eliptische Figur, in deren Mittelpunkt eine flache breite Reliefknospe angebracht ist. Sie stellt das *alles erblickende menschliche Auge* dar. Der Grundgedanke ist wohl, daß das wachsame Auge den Menschen vor allem Bösen bewahren soll. Diese eigenartige Darstellung religiösen Inhalts überlebte die Jahrtausende und sollte noch spät in den Glaubensbegriffen der Antike ihre Widerspiegelung finden.

Ein anderes auffälliges Objekt ist ein vielfach anzutreffendes Kultlämpchen, das die Töpfer mit größter Bemühung und exquisitem Geschmack ausformten. In der Mitte oder einer der Ecken ist nicht selten eine vollkommen stilisierte dreidimensionale Tierfigur angebracht. Zu dieser Zeit wurden in allen Landesteilen höchst interessante anthropomorphe Gefäße verfertigt.

Für die Fähigkeit der damaligen Menschen, ihre Umwelt künstlerisch zu gestalten, sprechen aber auch die kunstvoll ausgearbeiteten Hausmodelle, von denen viele außergewöhnlich verzierte Außenwände aufweisen.

Abb. 28 Tönernes Kultlämpchen, 1. H des Eneolith. Aus Gradeschnitsa; verziert mit schematisch modellierten Menschenköpfen und -körpern (eine Ratsversammlung des Fürsten?); eingekerbtes geometr. Ornament auf den Wänden; Farbe hellbraun, Oberfläche gut poliert; 13,5 cm Höhe, 16 cm Wandlänge

Die Bronzezeit

Mit dem 3. Jt. aCn begann auf dem Territorium des heutigen Bulgariens auch die Bronzezeit, genauer: die Frühbronzezeit. Ihre Träger tauchen nach einer Unterbrechung des Lebens in den Siedlungshügeln der prähistorischen Periode auf, wohl als Einwanderer, die ihre Kultur mitbrachten, die aber nichts mit der in der vorhergehenden Periode herrschenden Kultur gemein hatte. Vorherrschend sind jetzt breite Schüsseln mit nach innen gekehrten Rändern der Öffnung. Die Oberfläche ist hie und da poliert; Verzierungen finden sich nur in seltenen Fällen. Die Gegenstände werden aus gröberem Tonmaterial als bisher gefertigt. Falls es Verzierungen gibt, handelt es sich meist um nachlässig um die Gefäßöffnungen gekerbte Linien. Diese Einkerbungen bilden fast immer gleichseitige oder gleichschenklige Dreiecke, die an ihrem Boden miteinander verbunden sind, während ihre Spitzen nach unten weisen. So entstehen »Hängende Dreiecke«, wie man dieses Ornament bezeichnet.

Dieser groben Töpferware aus der Frühbronzezeit haftet nichts mehr von der Schönheit und Vornehmheit der Keramikerzeugnisse aus der letzten Periode der Stein-Kupfer-Zeit an. Der edle reiche Grafitto-Schmuck ist für immer verschwunden. Für immer verschwunden sind auch die erlesenen Formen der Keramikgefäße.

In der 1. H der Frühbronzezeit hat sich das Schnurornament als Schmuck der Keramik durchgesetzt. Es besteht aus allerlei geometrischen Figuren und wird durch das Aufpressen einer gedrehten Schnur in den weichen Ton aufgebracht. Der Töpfermeister teilt die innere wie die äußere Gefäßoberfläche in vertikale Felder, die voneinander durch breitere Streifen nichtornamentierter Fläche getrennt sind. Auch der Gefäßboden wurde von innen wie außen ornamentiert: zumeist teilte man ihn in 4 gleiche Teile und brachte in jedem einen kleinen Kreis aus Schnurabdruck an. Dann applizierte man in bestimmter Anordnung tiefe Einstiche, die anschließend mit weißer Materie inkrustiert wurden. Schließlich wurden die Oberflächen besser geglättet und vorzüglich poliert. Diese erhöhte Aufmerksamkeit der Töpfermeister für diese Arbeit an Gefäßen läßt den Schluß zu, daß sie im Leben der Menschen jener Zeit einen besonderen Platz einnahmen.

Besonders kennzeichnend aber gerade für diese Epoche sind jedoch relativ kleine Gefäße mit gerundetem Boden. Ihr unterer Teil ist fast kugelförmig, Ihr Henkel ist dünn und edelgeformt. Er zieht schräg nach oben und endet hoch über der Öffnung mit einem einzigen (manchmal auch einem doppelten) kleinen kegelförmigen Auswuchs.

In der M der Bronzezeit begann offenbar auch ein neues Streben nach künstlerischer Veredelung, größerer Abwechslung, Vervollkommnung und Erneuerung schöner Formen in der Keramik. Dasselbe Bestreben dauerte während der ganzen 2. H der Bronzezeit an. So legten etwa die Meister waagenförmiger Trinkgefäße aus Junazite bei Pazardžik großes Können und guten Geschmack an den Tag. Ihr hoher Oberteil hat zur M hin eine graziöse Windung. Gutgelungen sind die langgezogenen spitzauslaufenden Böden in der Form umgekehrter Kegelstümpfe.

An den sich scharf abhebenden Rändern zwischen den beiden Teilen sind dünne Henkel angesetzt, die fast vertikal nach oben zielen und oberhalb des Randes der Öffnung mit breiten spitzen Auswüchsen enden. Die ganze Oberfläche wurde von einem eingekerbten rhombenförmigen Ornament bedeckt. Charakteristisch sind für diese Epoche ferner kleine Becher mit bauchigen Körpern, denen an 3 Stellen stark hervortretende Buckel aufmodelliert sind. Ihr Hals verengt sich jäh, der Rand der Öffnung wölbt sich nach außen, die Henkel sind am breitesten Teil der Becher angesetzt und enden hoch über der Öffnung in breiten fächerförmigen Auswüchsen.

Größere breite Schüsseln, deren Unterteil ebenfalls Kugelform besitzt, sind mit dekorativen Elementen geschmückt, die ihrem Charakter nach denen der kleinen Becher vollkommen ähneln: volutenförmige Windungen, die am oberen Ende der Windungen an den Buckeln zu eleganten kleinen Kreisen aus dünnen Strichen geformt sind; die vertikalen Motive sind durch horizontale dekorative Zwischenelemente verbunden; die Henkel sind völlig mit Verzierungen geschmückt. Deutlich wird auch hier die ungewöhnliche Fähigkeit der Künstler, die Ornamente zu gestalten und ihren Erzeugnissen eine eigenartige Vornehmheit zu verleihen.

Aus all dem Gesagten läßt sich die Schlußfolgerung ziehen, daß E des 4./A des 3. Jt.s auf bulgarischem Territorium sich dramatische Ereignisse abgespielt haben, während denen in bestimmten Gebieten das Leben stockte. Nach diesem toten Zwischenspiel tauchten neue Stämme auf, die eine von der vorhergehenden Kultur gründlich verschiedene niedrigere mit sich brachten; die alten künstlerischen Ansprüche und Errungenschaften, die sich während der ganzen bisherigen Entwicklung der gesellschaftlichen Entwicklung behauptet hatten, verschwanden für immer und wurden durch eine beträchtlich tiefer stehende Kultur ersetzt, die dann ihre selbstständigen Entwicklungswege nahm.

Abb. 29 Marmoridol aus dem Chalkolithikum bei Blagoewo (Nationales Archäologie-Museum, Sofija)

Abb. 30 Anthropomorphes Webgewicht aus Ton; H 10,1 cm; Frühneolithikum, bei Kremenik (Reg.-Hist. Mus. Pernik)

Abb. 31 Männlicher Kopf aus Ton; H 7 cm, B 5,1 cm, T 5,2 cm; Frühchalcolithikum, aus Slatina bei Dupnitsa; porträt-ähnlich (Hist. Mus. Kjustendil)

Abb. 32 Bildnis eines bärtigen Mannes aus Karanowo VI, Drama-Merdzumekja (Hist. Mus. Jambol)

Abb. 33 Anthropomorphe Figur aus der späten Bronzezeit, Ton, H 20,5 cm; Nekropole von Orsoja bei Lom; Dekor aus eingeritzten, mit weißer Paste inkrustierten Ornamenten (Hist. Mus. Lom)

Abb. 34 Tönerner Kopf aus dem Chalkolithikum bei Stara Zagora (Nationales Archäologie-Museum, Sofija)

Die neue Keramik verblüfft nicht nur durch die Grobheit und Unansehnlichkeit ihrer Erzeugnisse, sondern auch durch die absolut neuen Formen, die zu ihrer Zeit auftauchten.

Menschenfiguren

In der Zeit vom 5. bis zum 3. Jt. aCn entwickelten sich neben den künstlerischen Formen und also dem ihnen zugrunde liegenden Empfinden auch andere Seiten des geistigen Lebens weiter: vor allem religiöse Bräuche und Vorstellungen. Das künstlerische Schaffen war in allen Zeiten der Vorgeschichte streng bestimmten kanonisierten Arbeitsregeln unterworfen. Sie verhinderten aber nicht, daß ein gewaltiges Erbe von außerordentlich hohem künstlerischem Wert entstand, in dem auch anthropomorphe Statuetten eine besonders große und wichtige Rolle spielten. Im Neolithikum, der Neusteinzeit, entstanden dreidimensionale Menschenfiguren vorwiegend aus Ton, im Eneolithikum (der Stein-Kupfer-Zeit) aus Knochen und Marmor, aber sogar auch aus Gold.

Jungsteinzeit

In den Kulturgruppen Karanowo I und II wurden die außerordentlich wenigen überkommenen Menschenskulpturen vor allem aus Ton gefertigt (lediglich eine Marmorstatue wurde bekannt); und sie alle stellen Frauen dar. Ihre Köpfe sind als Vierecke dargestellt, die sich unmittelbar mit den Schultern verbinden. Der Hals existiert nicht. Im Gesichtsteil sind die Augen nur angedeutet, die Stelle der Nase kennzeichnet ein kleiner plastischer Vorsprung. Die Brüste bilden zwei halbkugelförmige Vorsprünge, die unnatürlich hoch in der Gegend des Schultergürtels und zu nahe beieinander sitzen.

Abb. 35 Tönernes Frauenfigürchen aus Sofija, Frühneolith.; Farbe dunkelgrau, Oberfläche geglättet mit schlecht erhaltenem Ornament bemalt; 8,6 cm Höhe

Daß die Gegend des Leibes normal proportioniert ist, läßt erkennen, daß den Bildhauern Ideen wie die Fortpflanzung des Geschlechts oder gar der Fruchtbarkeit der Erde fremd waren. Nur bei den Gesäßen sind die Proportionen nicht eingehalten und erinnern auffällig an Fettsteiße. Der Rücken ist gut gerundet, die Taille leicht angedeutet; sie verbindet den verlängerten Oberkörper ebenmäßig mit dem stark ausladenden Gesäß. Eine tiefe vertikale Linie trennt die beiden Beine voneinander. Und während die stark übertriebenen Formen des hinteren unteren Körperteils verblüffen, fällt ferner auf, daß nur in sehr seltenen Fällen die Geschlechtsorgane detaillierter dargestellt sind.

Eine sehr interessante Erscheinung dieser Entwicklungsetappe sind die Menschendarstellungen auf den Wandungen mancher Tongefäße. Es handelt sich um schematisch modellierte Basreliefs mit besonders betonten Geschlechtsteilen. Doch haben die sonst so aufmerksam und genau beobachtenden Bildhauer dem Menschenantlitz nicht nur keinen Charakter verliehen, sondern sich nicht einmal bemüht, einen auch nur anzudeuten. Das wird man sich nur durch die rituelle Bedeutung dieser Figuren erklären können.

Abb. 36 Schematisch ausgearbeitete reliefartige Menschenfigürchen auf Tongefäßen; frühneolith. »Mann« (Asmaschka), Farbe blaßbraun, Oberfläche geglättet; 9 cm Größe

Abb. 37 »Frau« (Asmaschka), Farbe blaßbraun, Oberfläche nicht gut poliert; 3 cm Höhe

Abb. 38 »Schwangere«? (Gradeschnitsa); Farbe blaßbraun, Oberfläche geglättet; 11 cm Höhe

Bei den Frauengestalten sind (im Gegensatz zu Männerfiguren mit einem aufgehobenen und einem herabhängenden Arm) beide Arme meist gehoben oder fest an die Seiten gepreßt. Die Frauengestalten sind fast immer mit der Geburt eines Kindes beschäftigt, was die Bildhauer durch eine Erweiterung an der Stelle des Geschlechtsdreiecks zu verstehen geben, oder durch den stark stilisierten Körper einer Gebärenden. Hier soll also eindeutig die Idee vom Erscheinen neuer Menschen dargestellt werden, die Hoffnung und Zukunft des Menschengeschlechts verkörpern.

Es mag dieser rituellen Bedeutung zugeschrieben werden, daß der künstlerische Wert der Relieffiguren an den Wandungen der Keramikgefäße und -schalen nicht mit dem der überraschend schönen Gefäße selbst zu vergleichen ist. Das läßt vermuten, daß die Gefäße mit modellierten Menschenfiguren mit dem Ritual bei der Geburt eines neuen Familienmitglieds in Verbindung standen. Denn das Anwachsen des Menschengeschlechtes mag als Unterpfand für den Sieg der Menschen über die Gewalten der Natur angesehen worden sein, was eben diesen Menschen eine neue außergewöhnliche Bedeutung zuwachsen ließ, der auch im Menschenabbild Rechnung zu tragen war. Das aber zwang auch den Bildhauer, die Frauen als Verkörperung der Mutterschaft darzustellen.

Frauenfiguren aus Stein und Marmor

3 der bisher gefundenen Frauengestalten aus Stein im Zeitpunkt des Gebärens sind aus dunkelgrünem Felsgestein hergestellt worden. Die gebärende Frau hat die Arme erhoben und die Beine in den Knieen stark gebeugt und

zur Seite gespreizt. Der Kult der gebärenden und damit das Menschengeschlecht fortsetzenden Mutter ist seit der Früh-Hadžilar-Epoche bekannt (in der das Motiv der gebärenden Göttin den Mittelpunkt des gemalten Wandschmucks bestimmter Wohnräume jedes Hauses bildete). Damit gibt sich die Kunst des Frühneolithikums in »Bulgarien« als Teil einer großen Kultur auf einem weit ausgedehnten Territorium zu erkennen, aus dem sich ihre Träger nach Jahrtausenden der Gedankenentwicklung im 2. Jt. aCn auch auf dem »bulgarischen« Territorium niederließen.

Gleichzeitig entstandene Marmorfiguren weiblicher Wesen sind völlig stilisierte Darstellungen des weiblichen Elements im Leben. Aber während der obere Teil völlig unpersönlich blieb, sind die Gesäßteile auch hier unnatürlich entwickelt (wie beim Fettsteiß).

Abb. 39 Kopf einer Tonfigur aus der »Übergangszeit« zum Eneolith. (aus Kalojanowets); Farbe grau, Oberfläche geglättet, 7 cm Höhe

KARANOWO IV

Die kennzeichnenden Statuetten haben ziemlich regelmäßig geformte Köpfe. Die Augen sind als flach eingekerbte Linienbögen dargestellt und erhalten so Mandelform. Den Mund kennzeichnen flache Einkerbungen. Die Nase wird durch das Aufeinandertreffen der beiden Gesichtshälften gebildet.

KARANOWO V–VI

<u>Stehende Frauenfiguren</u> stellen Schwangere dar. Ihre Köpfe sind pyramidenförmige Dreiecke. Die Arme sind zu kurzen seitlichen Auswüchsen geformt, deren Enden oftmals nach oben und unten geneigt erscheinen: der Beginn der späteren Kulturfigur der gebärenden Göttin mit hoch erhobenen Armen. Diese Geste ist nur mit Figuren verbunden, die ausgesprochen weiblich sind, Anzeichen fortgeschrittener Schwangerschaft zeigen, oder gerade gebären. Der Unterkörper hat weit ausladende Becken- und Gesäßteile. Die Bauchgegend wölbt sich stark vor.

Die Verbindung zwischen Mutter und Kind wird durch Zeichen der Fürsorge deutlich gemacht, die neben der Geburt und dem Stillen ebenfalls Aufgabe der Mutter ist. Das Kind wird vielfach auf dem Rücken getragen. Der Bildhauer im 4. Jt. aCn hat den Kindskörper besonders sorgfältig herausmodelliert: seine Ärmchen umschlingen den Hals der Mutter, die

Beinchen hängen gerade nach unten und stützen sich auf die Hüften. Bei Frauenfiguren ein oftmals zu beobachtendes Motiv.

Bei sitzenden Frauen ist eine starke, zuweilen geradezu unnatürliche Ausweitung des Gesäßes obligatorisch. Sie stellen stillende Mütter dar, die ihre Neugeborenen nähren. Sie wurden verehrt. Die edle Schlankheit des jungen und noch nicht deformierten Frauenkörpers wird ebenfalls genau dargestellt. Die zarte Linie des Kreuzes geht sanft und graziös in die edelgeformte Beckenerweiterung über.

In W-Bulgarien gefundene Frauenstatuetten aus der 1. H des Eneolithikums weisen besondere Aufmerksamkeit für das Gesäß auf. Wo es am stärksten vorsteht, befindet sich der Mittelpunkt eng gewundener Voluten, die sich allmählich und gleichmäßig zum Kreuz und zu den Schenkeln hin entrollen. Das soll wohl die Weiblichkeit der Figuren unterstreichen. Das Ornament auf dem Oberkörper unterscheidet sich deutlich von dem, das den Unterkörper ziert.

In der 2. H. des Eneolithikums (Karanowo VI) arbeitet der Skulpteur mit außerordentlich sparsamen Ausdrucksmitteln, wenn er den menschlichen Körper aus Ton entstehen läßt. Die Skulpturen sind ohne Ornamente oder sonstige Effekte. Also mußten die Schöpfer der Frauenstatuetten aus Ton sich im 4. Jt. aCn erneut nach bestimmten Anforderungen richten. Die Armhaltungen zeigen, daß die tönernen Frauenfiguren wiederum vor allem dem Kult um die Fortpflanzung des Menschengeschlechtes geweiht waren.

Doch viele der tönernen anthropomorphen Statuetten stellen Männer dar. Sie weisen eine verblüffende porträthafte Individualität auf und erzielen eine erstaunliche Ausdruckskraft. Die Stirn (etwa eines Jünglings aus Asmaschka bei Stara Zagora) ist hoch und glatt, die Nase lang und gerade, die Augen werden von zwei schmalen horizontalen Vorsprüngen dargestellt, die Wangenknochen sind flüchtig angedeutet, der Mund bezeugt Willenskraft und ist feingeschnitten. Zum Kinn hin vereint sich das stark verschmälernde Oval des Gesichts, das die Verkörperung von festem Willen und unbeugsamer Kraft eines jungen Mannes von ungestümem Streben auf die Zukunft hin entstehen läßt.

Ganz anders die Wirkung des ausgezeichnet modellierten Kopfes einer Statuette aus Gabarewo bei Stara Zagora: die gerade Nase und der gut geformte Mund lassen die individuellen Eigenschaften des Urtyps stark hervortreten. Eben solche hochkünstlerischen Werke sind aus der nämlichen Zeit auch u.a. aus Ungarn, Rumänien, Jugoslawien usw. bekannt.

Bei stehenden wie sitzenden Männern ist die Armhaltung typisch: der eine Arm liegt meist über der Brust, der andere horizontal über dem Kreuz. Männerstatuetten zeigen auch nie die für Frauen charakteristischen Ausweitungen von Becken und Gesäß. Das männliche Glied wird (wohl als Element zur Sicherung der Fortdauer des Menschengeschlechts) oftmals erheblich betont. Gut modulierte Phalli sind ebenso häufig wie Figuren, die auf phallusähnlichen Schemeln sitzen. Daß Männerfiguren häufig eine Maske als Gesicht tragen, soll wohl ihren Vorrang im öffentlichen wie religiös-rituellen Leben darstellen.

Abb. 40 Vorder- und Seitenansicht Tongefäß des Frühneolith. (Karanowo-Hügel); Farbe blaßbraun, dunkelbraun bemalt, Oberfläche gut geglättet; 14,5 cm Höhe, 4,1 cm Breite

SPÄTNEOLITHIKUM

Zu Beginn des Spätneolithikums tauchen völlig neue Konzeptionen der Kunstinterpretation auf. Das läßt erkennen, daß sich die Bildhauer damals von Grund auf veränderten Kulturtraditionen anvertrauten. Vor allem die Menschenskulpturen begannen, sich unvermutet zu verändern. Der Fettsteiß der voraufgegangenen Epoche verschwand völlig. Der ganze Körper wird zylinderförmig in die Länge gezogen – sowohl bei Frauen- wie auch bei Männergestalten. Kopf und Hals sind zu einem hohen zylinderförmigen Auswuchs verschmolzen. Dem Gesicht sind die Augen und die Nase eingekerbt bzw. reliefartig aufgesetzt. Der Bau des Oberkörpers wird zum Kreis oder zur Ellipse. An beiden Enden erscheint je 1 kleiner kegelförmiger Auswuchs. Am unteren Ende der Körper treten die Geschlechtsmerkmale deutlich zutage.

Das (höchst seltene) Männerfigurchen trägt als Verzierung ein gemaltes Ornament. Die Nase ist durch eine Eindellung im Mittelpunkt des Zylinders wiedergegeben. Zu ihren beiden Seiten sind die Augen sorgfältig aufgemalt. Sie sind erheblich in die Länge gezogen. Bis zur Bauchgegend und um das Geschlechtsdreieck sind kleine runde Pünktchen verstreut. Die Außenseite des rechten Oberschenkels ist von einem gemalten linearen Ornament bedeckt, das aus einer langen senkrechten Linie besteht, die von kurzen

Querlinien geschnitten wird. So sind auch die Gesäßteile und das Kreuz auf der rechten Seite der Statuette verziert. In diesem »Wickel« wird man ein Symbol für den für wichtiger und bedeutender gehaltenen Anteil des Mannes am öffentlichen Leben der Urgemeinschaft sehen dürfen.

Seit dem E des 5. Jt.s aCn scheint in die ethnische Zusammensetzung der »bulgarischen« Bevölkerung ein neues Element eingedrungen zu sein. Für die fremde Herkunft der neuen Kunsttradition scheint auch die Tatsache zu sprechen, daß sie keinerlei Zusammenhang weder mit den voraufgehenden Traditionen, noch mit den ihr nachfolgenden hat. Bezeichnend ist ferner auch, daß sich diese Kultur am E der Jungsteinzeit nur in einem bestimmten, allerdings weit ausgedehnten Gebiet verbreitet hat. Und besonders typisch ist, daß sich der bisher strikt eingehaltene Realismus verflüchtigte.

Männerstatuetten aus Marmor weisen eine eigentümliche Eigenart auf: die Hand auf dem Brustkorb hat mit penibler Genauigkeit alle Finger ausgeformt erhalten – das ist von Tonschöpfungen des Neolithikums wohlbekannt, aber der Kunst der Neusteinzeit völlig fremd. Marmorstatuetten aus der Neusteinzeit weisen eine durchaus andere Arbeitsweise und künstlerische Gestaltung auf. Die vollen weiblichen Formen neolithischer Frauenfiguren aus Marmor haben nichts mit dem schlanken Torso etwa der in Kazanlûk gefundenen langgezogenen Marmorstatuette eines Mannes gemeinsam. Offenbar wollte der Bildhauer die ganze, jugendlich-reizvolle Schönheit eines Männerkörpers darstellen.

Den Rücken der Marmorfigur teilt eine flache Eindellung, die die Stelle der Wirbelsäule markiert. Am flachsten ist sie zu den Schulterblättern hin, dann wird sie allmählich tiefer, und wird beim Gesäß am tiefsten. Das ist eine vor allem den Männerkörpern eigene Besonderheit.

Abb. 41 Beinern, anthropomorph; 1. H Eneolith. (Karanowo-Hügel); Kupferohrring + Kupfergürtel; Farbe gelblich, Oberfläche geglättet; 8 cm Höhe, 2,7 cm Breite

Flache Figürchen schuf man aus breiten flachen Knochen oder wählte die breitesten Teile des Oberschenkelknochen aus. Eine Figur hat einen viereckigen Kopf mit schwach abgerundeten Enden. Augen und Mund sind angegeben, doch – der Art des Materials folgend – niemals die Nase. Mit einem oder mehreren Löchern vertikal untereinander sind Ohren und Schmuck angedeutet. Den Kopf trennen starke Einkerbungen an den Seiten des Knochens vom Rumpf. Der Torso ist ein langgezogenes Rechteck oder ein ganz plattes Fünfeck. Die Beckenteile haben fast immer die gleiche Breite wie die Schultern. In den breitesten Teil ist oft das Geschlechtsdreieck eingeschnitten. Unmittelbar darunter sind mit einer vertikalen Linie die Beine abgesetzt.

<u>Ausgehöhlte Figürchen</u> entstanden aus Hohlknochen. Auch sie tauchen in der 2. H des Eneolithikums auf. Ihr Kopf ist zumeist abgerundet. Der Hals endet seitlich mit spitz auslaufenden Verlängerungen. Diese hängenden Verlängerungen werden manchmal gegen die Mitte der Gesichtsflächen hin von horizontalen Strichen unterbrochen. Unter dem Kopf ist der Hals durch Einkerbungen in die gegenüberliegenden langen Seiten bezeichnet. Seltsam ist, daß bei diesen Figürchen die Unterkörperpartie in die Breite geht. Charakteristisch aber ist auch, daß sie keinerlei Verzierungen aufweisen.

Für diese ausgehöhlten Figurinen ist zu bemerken, daß sie ausnahmslos weder mit den bekannten zeitlichen Vorläufern noch mit den Nachfolgern irgendetwas gemein haben (außer dem generellen Grundthema »Mensch«). Auch von geschlechtlichen Unterschieden kann keine Rede sein: es scheint »der Mensch« allgemein gemeint zu sein.

Bronzezeit

Am A des 3. Jt.s aCn kam es zu großen Veränderungen. Alte Siedlungen verödeten, neue Siedler tauchten vor allem in S-Bulgarien auf. Sie brachten völlig fremde Kulturtraditionen mit sich. In der Frühbronzezeit fällt das völlige Fehlen von Menschen- und Tierfiguren auf. Die anthropomorphe Plastik ist für immer untergegangen.

Abb. 42

Bisher bekannte *anthropomorphe Statuetten* wurden bei Stara Zagora gefunden. Sie sind in den Umrissen stilisiert und weisen keinerlei Details auf. Köpfe und Arme sind ganz schablonenhaft geformt. Die Arme stark nach oben abgebogen. Die jetzt angewendete Art der Befestigung ist eine andere. Haken aus demselben Knochen geschnitzt wie die Figur selbst. In den stark nach oben gebogenen Armen ist gleichsam die letzte Spur des Mutterkultes auf ewig erstarrt.

Menschenstatuetten tauchen hingegen erst am E der Bronzezeit und nur in einem Teil entlang des Donau-Ufers auf. Eigenartige dreidimensionale Menschenfiguren: ihren Kopf stellt ein kleiner, zylinderförmiger Auswuchs dar; Oberkörper und Arme sind zu einer runden Platte vereinigt; vom Kreuz aus nach unten wird der Körper durch eine starke Erweiterung in der Beckengegend dargestellt, die sich kegelförmig nach unten fortsetzt (vgl. Farbtafeln, Abb. 38).

In der *Spätbronzezeit* werden die Figürchen über und über reich verziert. Das sorgfältig ausgewählte Ornament aus geometrischen Motiven steht in unbedingtem Einklang mit dem Körperteil, auf dem es angebracht ist. Es ist nicht auszuschließen, daß diese sorgfältig verzierten Figürchen mit Bestattungsritualen zusammenhängen.

Woher die Träger dieser Kultur gekommen sind, ist bisher nicht zu erkennen. Doch stellen gerade diese Figürchen an künstlerischem Wert unübertroffene Denkmale menschlicher Kunst dar, und sind Werke außergewöhnlicher Meisterschaft und erlesensten Geschmackes.

TIERFIGUREN

Bei den systematischem stratigraphischen Forschungen an bzw. in den Siedlungshügeln Bulgariens haben sich auch viele aus Ton gefertigte Tierfiguren gefunden. Schon als die ersten neolith. Siedler in Bulgarien auftauchten, waren tönerne Tierfiguren bereits bekannt. Die Tierplastiken sind meist schematisch dargestellt. Einige aber sind detailreich und mit großer Kunstfertigkeit gestaltet. Das läßt 3 Sorten Tierfiguren unterscheiden: solche auf 4 Beinen stehend, solche liegend, solche als zoomorphe Gefäße. Als Thema gelten vor allem: Stier (als Zeichen der vereinenden Macht der Führer), Bär (als Kennzeichen angreiferischen Mutes), Schwein (als Kennzeichen von Ruhe und Gemütlichkeit).

Als absolutes Meisterwerk gilt ein Bär, den man bei Winitsa (Kreis Schumen) gefunden hat. Er verblüfft durch die Reinheit der Linienführung, die realistische Darstellung seiner Eigenart, die meisterliche Gestaltung des Statischen dieses massigen Tieres zu Leben, Rhythmus, Bewegung.

Abb. 43 Zoomorph, Hirsch, Frühneolith. (aus Muldawa); Farbe rot, Oberfläche poliert; mit weißer Humusfarbe bemalt; 57 cm Höhe, 68 cm Länge

Ähnlich bedeutsam sind zoomorphe Gefäße, unter denen das Bildnis eine stark stilisierten Hirsches als einmalig auf der Welt gilt. Der langgezogene hohle Körper steht auf niedrigen Beinen. Der Hals ist lang und graziös, und endet in einem unnatürlich kleinen Kopf mit kurzem verästeltem Geweih. Er gilt als einzige Darstellung dieser Art auf der Welt. Die Verzierung des Hirschen hat übrigens nichts mit seinen natürlichen Schmuckelementen zu tun: sich schön zu einem Geflecht verschlingende wellenförmige Bänder ziehen sich in Längsrichtung über den Körper und wechseln mit Bändern ab, die ein Spitzenornament ausfüllt usw.

Abb. 44 Zoomorph, 2. H Eneolith., (Karanowo-Hügel); mit Bändern verziert, die eine rauhe und eine polierte Oberfläche haben; zwischen ihnen ist weiße Masse inkrustiert; Farbe rot; 14,5 cm Höhe, 10 cm Breite

Doch lassen sich die meisten Tierfiguren nicht genauer bestimmen, da offensichtlich ihre individuelle Bestimmung der Zeit und damit dem Künstler keine Bedeutung aufwies.

In der Bronzezeit wiederholt sich dann, was auch von den anthropomorphen Statuetten bekannt ist: am Ende des Eneolithikum verschwindet die reiche Vielfalt an Tierfiguren unverhofft und gänzlich aus dem Repertoire der Künstler, und kehrt in dieser Form nie mehr wieder. Ob man darin die Abnabelung des Menschen von der ihn bis dahin umgebenden und einhüllenden Natur zu erkennen hat?

Schmuckstücke

Ebenso zahlreich wie verschiedenartig sind die Schmuckstücke, die bisher aus dieser Zeit aufgefunden bzw. ausgegraben wurden: Haarnadeln, Perlenketten, Ringe, Plättchen zum Applizieren, usw. Sie sind vornehmlich aus Knochen gefertigt, seltener auch aus Horn oder Stein. Oberstes Gebot bei der Herstellung dieser Arbeiten war: sie sollten »schön« sein und bestimmten rituellen bzw. religiösen Vorstellungen entsprechen. Natürlich ist der Begriff »schön« ebenso wie »Schönheit« vom Geschmack und den ästhetischen Ansprüchen der jeweiligen Zeit abhängig.

Einer dieser Ansprüche war *das Tätowieren*. Frauen tätowierten sich ebenso wie Männer. Die Tätowierung geschah mit speziellen Siegelstempeln, *Pintaderen* genannt. Sie wurden aus Ton gefertigt, und auf der Außenseite der breiten runden Platten allerhand geometrische Figuren eingekerbt: Voluten, Kreise, Spiralen usw. Die Oberfläche der Pintaderen wurde dann mit Farbe bestrichen und auf den Körper aufgedrückt. Also konnten dieselben Motive, nur in jeweils anderer Farbe, wieder und wieder verwendet werden. So mögen diese Tätowierungen auch als Zusammengehörigkeitszeichen bestimmter Menschengruppen gedient haben.

Als Schmuck dienende Haarnadeln wurden aus Knochen, manchmal aber auch aus Kupfer gefertigt. Ihr oberes Ende ist oftmals zum Kopf eines Fohlens oder eines Maultieres geformt.

Besonders beliebt und begehrt waren Armbänder aus den Schalen der Spondylus-Muschel. Ihre natürlich rotfarbenen Fasern lassen ihre Oberfläche nicht eintönig erscheinen. Aus diesem Material entstanden auch runde und ellipsoide Perlen. Aus Knochen wie Muscheln wurden ferner Amulette als Schutz vor Unheil und bösen Geistern gefertigt. Und als in der 1. H der Bronzezeit Halsketten vor allem aus Tierzähnen entstanden, wurden dabei Wildschweinzähne bevorzugt.

Alles in allem wird man festzustellen haben: daß *die Kunst den Menschen von der ersten Phase seiner bewußten Existenz an begleitet* hat. Das Auftauchen menschlicher Kunstäußerungen fällt also mit dem Beginn bewußter menschlicher Tätigkeit zusammen, und begleitet sein gesamtes Bewußtwerden zur harmonisch entwickelten Gesamtpersönlichkeit.

ÄHNLICHKEITEN ZWISCHEN SUMER UND DEM
SÜDOSTEUROPÄISCHEN NEOLITHIKUM

Früheste Schreib-Versuche

Aus der mittleren Jungsteinzeit (spätestens um ca. 4000 aCn) haben rätselhafte Funde uns erreicht. Damals hatten aus fast allen Richtungen einwandernde neue Völkergruppen die Zeiten einheitlicher Bevölkerung und Kultur beendet. Eine dieser Völkergruppen waren die Träger der Vinča-Tordos-Kultur, die sich um das Zentrum der Balkanhalbinsel herum niederließen und vor allem im Siebenbürgischen Erzgebirge siedelten. Von ihnen entdeckte man 1961 in Tărtăria (bzw. Alsótatárlaka) beschriftete Täfelchen, die verblüffend den später im heutigen Bulgarien gefundenen Piktogrammen ähneln.

Abb. 45 Tărtăria

Abb. 46 Frühchalcolithikum, Graphitüberzug (als Ornamente aus horizontalen und diagonalen Linien und Dreiecken gedeutet; oder versuchsweise als protominoische Form zur Linear-A ungedeutet) Hist. Mus. Razgrad

Von beiden Gruppen hat man bisher noch viel zu wenige Exemplare gefunden, um sich an den Versuch einer Entzifferung heranwagen zu können. Die Anzahl der Zeichen ist viel zu gering, um auch nur den Versuch einer Systemanalyse zu erlauben.

Und doch: sie ähneln verblüffend proto-elamischen bzw. proto-sumerischen Piktographieen. Bisher muß man sich mit der Überlegung bescheiden, daß sich frühe geometrische und Strichschriften untereinander in jedem Fall bei völliger Unabhängigkeit systemisch ähnln. Und hütet sich vor allen weitergehenden Spekulationen, da doch beim Zeitansatz von ca. 4000 aCn mindestens rund 1000 Jahre zwischen den Stücken vom Balkan und den proto-sumerischen aus Mesopotamien liegen, von ihrer geographischen Entfernung ganz zu schweigen.

Was aber beides weder die rätselhafte Herkunft der Sumerer aus einem unbekannten Bergland noch ihren ungemein weitreichenden Handel berücksichtigt. Könnten dann die beiden Balkangruppen nicht doch älter sein? Und auf die Herkunft der Sumerer aus dem balkanischen Gebirgsland der Vinča-Tordos-Kultur hindeuten? Oder wenigstens auf Handelsstationen am nordwestlichen Rand eines uralten sumerischen Handelsemporion?

In ähnliche Richtung scheint auch die eigenartige Tatsache zu verweisen, daß sich die merkwürdig kalt-blaue Schutzfarbe balkanischer Bauernhäuser aus dem Bereich der Vinča-Tordos-Kultur über Ostserbien, Ungarn, Slowakien, Mähren und Böhmen, bis nach Südpolen hinein verbreitet hat. Jene Schutzfarbe, die sich (trotz Stalin-kommunistischer Anti-Ideologie und auch farbtechnisch hoffnungsloser Mißwirtschaft) bis heute in einzelnen Fällen gehalten hat.

Und sicherlich auf die sumerische Schutzfarbe gegen die blutsaugerischen Agrardämonen zurückführen läßt (die sich dann später im selben Randraum des Balkan als blutsäuferische Vampire verwirklichen), ursprünglich aber blutschlotzende Insekten waren.

Vergleiche des Gilgamesch-Epos mit dem Ahnenkult

Respekt und Fürsorge für die Toten sind typisch für alle Völker seit dem Paläolithikum. Mit dem Übergang zur seßhaften Lebensweise unter Einschluß einer Produktionswirtschaft wurde der Respekt vor den Toten und vor allem den Ahnen zu einem grundlegenden Zug aller religiösen Vorstellungen. So wurde es z. B. Mode, ab dem 8. Jt. aCn Schädel beizusetzen, wie Beispiele aus Palästina und Syrien zeigen. Aus Jericho kennt man auch zwei statuarische Gruppen aus den Gestalten von Männern, Frauen und Kindern, deren Augen von Muscheln gebildet sind. Und entzifferte Inschriften von Schreinen in Çatal Hüyük bezeugen, daß dort die Toten eine große Rolle bei den Riten und Ritualen der Lebenden spielten.

Materialien aus Mesopotamien bezeugen ferner den Zusammenhang zwischen anthropomorphen Statuetten und dem Totenkult. Besonders wichtig ist da die Tatsache, daß man in Tell es-Sawan 22 Idolbegräbnisse gefunden hat zusammen mit den gewöhnlichen Begräbnissen von menschlichen Leichen.

Im *Gilgamesch-Epos* gibt es einige Zeilen, die die Herstellung von Statuen der Gottheiten als den Schutzherren der Toten betreffen. Vor dem Tod von ENKIDDU spricht GILGAMESCH ihn so an:

»Deinen Gott will ich finden und ihm ins Gesicht sehen, ich werde Gnade von diesem allmächtigen Gott verlangen: und Gott Anu, der Vater der Götter, wird Mitleid mit mir haben,

Abb. 47 Persisches Goldrelief aus der Zeit der Achämeniden (ca. 400 aCn): ein Held besiegt die Löwen (in: Acient Art & Architecture Collection, London)

Enlil wird Mitleid mit mir haben,
Samasch wird sich für mich erheben –
aus Gold von unermeßlicher Menge
werde ich Idole für sie fertigen!«

Und nach dem Tod seines getreuen Freundes sammelt GILGAMESCH Kupferschmiede, Bildhauer, Steinschneider und Schmiede:

»Ihnen befahl ich,
Dein Idol zu formen, Freund!
Siehe – wer hat ein besseres für seinen Freund machen lassen?
Nach Gestalt und Gesicht wird es
Deiner wert sein –
Mit einem Steinberg,
mit Haar aus Lazulit,
mit einem Gesicht aus Alabaster,
mit einem Körper aus Gold!«

Und am Morgen des Tages nach der Beisetzung macht GILGAMESCH aus Ton eine Figur und bringt sie mit anderen Opern dem Gott der Sonne dar, SIMASCH, der ihn schützt, denn URSANAPI, der Fährmann von UTNAPISCHTIM, straft GILGAMESCH, weil der ihm die heiligen Idole mitsamt einer Schlange zerbrochen hat. All die im Epos genannten Idole stehen aber außer Zweifel mit den Bildnissen der Ahnen – sterblichen wie unsterblichen – in Verbindung.

Die Darstellung der Könige ist ein zwingendes Element in den Riten der hethitischen Mythologie. Einer ihrer Texte sagt: »Eine Statue des Königs im Festgewand. Sie setzen ihm ein Diadem aufs Haupt und schmücken seine Ohren mit Ohrringen und ziehen ihm chattische Schuhe an die Füße.« Die Ausarbeitung eines Königs als Statue ist ebenso auch ein Element des Rituals »des Königs Wiederbelebung«: »Sie machten ihm eine Bleistatue; den Kopf machten sie aus Eisen; die Augen waren die eines Adlers; die Zähne die eines Löwen.«

Ethnographische Studien bei sogenannten »unterentwickelten« Völkern in Sibirien, Zentralasien, Australien und Afrika zeigen die große Bedeutung des Ahnenkultes in ihren religiösen Gläubigkeiten und Riten. Die Darstellungen der Ahnen sind begraben, werden in Erinnerungsriten verwendet, spielen eine Rolle bei Geburtsriten, in den Riten zur Besiegung einer Krankheit usw.

In archaischen Gesellschaften spielt Verwandtschaft die Hauptrolle in den Beziehungen der Menschen, und dort tritt auch ganz natürlich der Gedanken auf, daß die Toten als Mittler zwischen der Welt der Lebenden und der Welt des Übernatürlichen dienen können. So werden im Neolithikum wie erst recht im Chalkolithikum die Nekropolen zu den geheiligten Plätzen, wo die Beziehung zur »Anderwelt« der Naturelemente durch die toten Ahnen hergestellt wird. Die Ehrfurcht vor Sonne und Mond und all den anderen Naturgewalten erscheint dort mit dem Ahnenkult verbunden. Wahrscheinlich stellen die anthropomorphen Statuetten von Adoranten ganz selbstverständlich die Ahnen dar.

In archaischen Mythen ist »das Alte Volk« immer der Protagonist. Seine Mitglieder sind die Ahnen-Demiurgen-Kulturheroen. Denn die Ahnen sind aller Dinge Anfang: der Familie, des Clans, des Stammes. Noch wichtiger aber ist, daß statt den Elementargeistern die Ahnen es sind, die die erste Gemeinschaft gebildet haben. Also spielen die symbolischen Gräber ebenso auf den Ahnenkult wie die Vorväter an. Dem entspricht auch die relativ große Zahl von Kenotaphen, die die Ehre der toten Ahnen hochhalten: die Lebenden wünschen sich ja von den Toten deren Wohlwollen zunebst Fruchtbarkeit und reiche Ernten.

Der Gedanke an das Paar der Ahnen, Mann und Frau, ist in die Idee der symbolischen Beisetzung von Idolen ebenso eingegangen, wie in die der Beisetzung von zerbrochenen Knochen. Die Tatsache, daß die Warna-Metropole von 8 Siedlungen umgeben war, die sich ihrer aller bedienten, erklärt die relativ hohe Anzahl von symbolischen Gräbern gerade hier.

Und wenn ein Volk ein neues Territorium besetzte, so verkündete es seinen Rechtsanspruch auf das neue Land, indem es seine toten Ahnen in ihm beisetzte. Der außergewöhnliche Reichtum an Grabbeigaben gerade bei den Kenotaphen spricht von der Bedeutung solcher Opfergaben für die archaische Gemeinschaft. So erscheint das Bild des Häuptlings im Grab 43 zu Warna, der die Kulte der Ahnen all der einzelnen Familien und Sippen zusammenführt. Der Häuptling-Priester, der Priester-König wird Protagonist der jahreszeitlichen Riten des Pflügens, des Erntens usw., denn indem er die Verbindung zur Niederwelt herstellt, hat er die Fruchtbarkeit und das Wohlergehen der Gemeinschaft zu sichern.

So bilden die Begräbnisriten das religiöse Verständnis der Gesellschaft ab mit ihrer Tendenz zur Differenzierung und Hierarchisierung der übernatürlichen Kräfte und der zu ihren Ehren vollzogenen Rituale.

Und es ist diese nichtindogermanische chalkolithische Gemeinschaft auf der Balkan-Halbinsel, in die um 2000 aCn Indogermanen eindringen: Proto-Griechen, -Makedonen, -Illyrer, -Thraker aus der indogermanischen gräco-balkanischen Mutterschicht, die sich mit den Neolithikern vermischten und so zu Griechen, Makedonen, Illyrern, Thrakern wurden.

Sumerische Agrardämonen und blaue Bauernhäuser

Als ein weiteres Indiz für mögliche Zusammenhänge zwischen dem alten Sumer und dem Südosten Europas mögen die blutsaufenden Insekten wie Bienen und Wespen und Mücken und Schnaken usw. anzusehen sein, die den sumerischen Bauern als Agrardämonen erschienen und gegen die sie ihre Häuser in einem merkwürdig kalten, abschreckenden Blau anstrichen. Dieser Brauch, Bauernhäuser auf dem Land blau zu tünchen, zog sich aus dem Land Sumer durch das heutige Kleinasien hin nach Griechenland und Bulgarien, und dann geradezu in Dreiecksform durch Ostserbien und Teile Rumäniens und Mähren und Südböhmen und Südslowakei nach Südpolen hinein. Dieser Brauch ist inzwischen wohl nicht nur wegen Farbmangels unter den Kommunisten praktisch ausgestorben, wie ich seit 1966 bei zahlreichen Reisen durch Mittel- und Südosteuropa beobachten konnte.

Zu seinen Lebzeiten aber vermischte sich der Glaube an die Agrardämonen mit der Geschichte des griechischen Königs Amphiaraos zur Vorstellung der blutsaufenden Vampire. In Südosteuropa.

Die Einteilung der menschlichen Völker in Sprachfamilien ist eine gelehrte Erfindung. 1786 trug Sir William Jones in der Akademie in Kalkutta über die Verwandtschaft des Sanskrit und des Persischen mit den europäischen Sprachen vor. 1810 prägte Conrad Malte-Buin den Begriff »indogermanique«. 1813 Thomas Young »indoeuropäisch«. 1823 nannte Julius von Klaproth die Sprachgemeinschaft »Indo-irano-armeno-graeco-latino-slavo-balto-romano-celto-germanisch«. 1840 A. F. Pott »indokeltisch«. 1840 Sten Konow »tocharokeltisch«. »Tocharo-irisch« aber hat bisher niemand genannt, was hier als »indogermanisch« bezeichnet wird, trotz der Verteufelung des Begriffs »germanisch«.

Die neolithische Kultur in Europa zunebst Folgen bis heute (etwa das Verhältnis Mann : Frau) sowie das Neolithikum in Alt-Ägypten und bei Indianern. Und die Himmelsscheibe von Nebra

Bisher sind die ältesten Hominiden-Reste auf ca. 3,5 Mill. Jahre geschätzt worden; doch starben sie ohne genetische Spuren in der heutigen Menschheit aus. Mitochondrisches DNS (das nur in der weiblichen Erbreihe auftritt) verweist darauf, daß der Homo sapiens vor ca. 150 000 Jahren in Ostafrika seine »Eva« hatte, die Urmutter aller heute Lebenden. Vor ca. 100 000 Jahren wanderten ihre Nachfahren bis nach Palästina hin aus Afrika heraus. Vor ca. 80 000 Jahren erfolgte die zweite Auswanderungswelle, die über Bab el-Mandeb nach Yemen führte, und von da in alle Welt.

Um etwa 45 000 kam dann der Homo sapiens sapiens aus Arabien in Europa an. Die gesamte Vorgeschichte seit dem Auftauchen der ersten Steinartefakte bis zur Bronzezeit wird in 3 Perioden eingeteilt (wobei allerdings die Zeitgrenzen je nach Gegend und Kultur schwanken; manche südamerikanische Indianerstämme leben noch heute in der Steinzeit): die Altsteinzeit oder das Paläolithikum bis etwa 8000 aCn, die Mittelsteinzeit oder Mesolithikum bis etwa 4000 aCn, die Neusteinzeit oder Neolithikum bis etwa 1600 aCn. Danach beginnt die Bronzezeit, die über die Eisenzeit bis in die heutige »Kunststoffzeit« führte.

Da die Indogermanen bzw. Indoeuropäer sich erst vor ca. 6000 Jahren bzw. um 4000 aCn zwischen Wan-See und Zagros-Gebirge im W Mittelasiens aus den nichtindogermanisch sprechenden Völkerschaften entwickelten, kann man für die Menschen, die um 3600 bzw. 1600 aCn im heutigen Deutschland lebten, durchaus schon annehmen, daß sie Indogermanisch sprachen, also als Indogermanen zu gelten haben.

Neben dem europäisch-mediterranen Neolithikum gibt es Neolithiken aber auch in Afrika und Amerika, in Süd- und Südostasien, in Fernost und Australien. In Japan z.B. gilt als wichtigste frühe Kulturform die neolithische des *Jomon*; und in China entsteht derzeit nach und nach aus der Motiv-Erforschung gemalter neolithischer Keramik eine erste neolith. Chronologie.

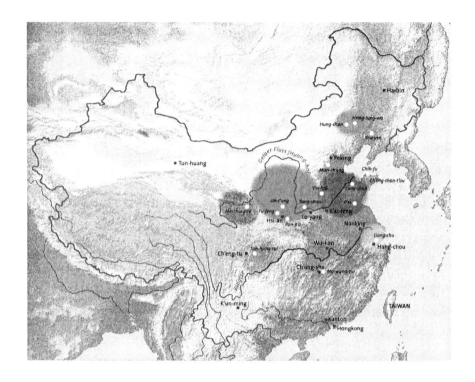

Neolithische, vor- und frühgeschichtliche Kulturen und Fundstätten (ausgewählte Markierungen) in China

Bis vor rund 10 000 Jahren herrschte noch die letzte Eiszeit, in der auch die Altsteinzeit weiterhin bestand. Die alt- und mittelsteinzeitlichen Menschen in Europa lebten vor allem von der Großwildjagd in dem Zeitalter des Mondes, der als Herrscher der jagdfreundlichen Nacht angesehen wurde, und wegen seiner Regelmäßigkeit das Zeichen der Frau war.

Mit der Eiszeit endete auch die Altsteinzeit in die Mittelsteinzeit, in der das Großwild (Mammut, Bisons, Elentiere usw.) verschwand, und der Mensch sich eine neue Ernährungsbasis schaffen mußte: die Agrarwirtschaft. Mit ihr begann das Zeitalter der Sonne, die als Herrscher des ackerbaufreundlichen Tages angesehen und wegen ihrer Unregelmäßigkeit zum Zeichen des Mannes wurde.

Sonne und Mond in Afrika

Über das Verhältnis zwischen beiden (bzw. in der Vorstellung der Menschen) berichtet ein afrikanisches Märchen folgendes:

»Sonne und Mond sind Geschwister. Anfangs vertrugen sie sich gut miteinander, und man konnte sie auch gemeinsam am Himmel sehen, wenn sie sich besuchten. Sie hatten Kinder, die zusammen mit ihren Eltern leuchteten: der Mond mit den Sternen und die Sonne mit ihren Sonnenkindern, den Fischen, die seinerzeit noch nicht im Wasser lebten. Wenn die Sonnensippschaft am Himmel stand, glühte das Land. Es war damals schrecklich hell und heiß auf der Erde.

Eines Tages unterhielten sich der Mond und die Sonne darüber. Der Mond sagte: ›Es ist eigentlich recht lästig mit den Kindern. Wollen wir sie nicht ins Wasser werfen?‹ Der Sonne war es recht. ›Morgen werden wir's tun‹, antwortete sie.

Als es soweit war, versteckte der Mond seine Kinder. Er sammelte weiße Kieselsteine und packte sie in einen Sack. Die Sonne merkte nichts davon. Auch sie steckte ihre Kinder in einen Sack, und dann gingen sie gemeinsam zum Fluß. Dort leerten sie ihre Säcke aus. Die Kinder der Sonne plumpsten ins Wasser, aber der Mond schüttete nur Kieselsteine in den Fluß. Die Sonne ahnte nichts von dem Betrug. Befriedigt gingen die beiden zurück zum Himmel. Als der Tag kam, wanderte die Sonne allein über den Himmel. Die Leute freuten sich darüber. Es war jetzt nicht mehr so heiß wie früher.

Dann kam die Nacht. Die Sonne, die am Rande der Welt hockte, um sich schlafen zu legen, traute ihren Augen nicht. Denn als ob nichts geschehen wäre, zog der Mond über den Himmel, und alle seine Kinder, die großen und die kleinen Sterne, glitzerten und schimmerten und blitzten fröhlich um ihn her. Wütend kreischte die Sonne: ›Du bist ein Lügner, ein Betrüger, ein Schuft. Du hast mich angestiftet, meine Kinder zu ertränken. Jetzt bin ich allein in der Welt, Du aber hast alle Deine Kinder verschont.‹ ›Reg Dich nicht auf, Schwester‹, antwortete der Mond. ›Dein Licht ist stark genug für die Welt. Als Deine Kinder noch mit Dir am Himmel glühten, war es fast unerträglich heiß. Ist es jetzt nicht viel schöner?‹ Die Sonne brummte.

›Und außerdem‹ fuhr der Mond fort, ›hat es sogar seinen Vorteil, daß Deine Kinder im Wasser sind. Da können sie sich wenigstens nützlich machen.‹ Die Sonne begriff es nicht. ›Wie sollen sie sich nützlich machen‹, entgegnete sie, ›wenn sie im Wasser sind?‹ Der Mond lächelte blaß. ›Die Menschen können sie in einem Topf einfangen‹, antwortete er, ›und daraus ein Essen kochen. Weil Deine Kinder im Wasser sind, macht es die Bäuche der Menschen dick. Das ist gut für sie.‹

Die Sonne dachte nach. Dann schüttelte sie traurig den Kopf. Bis heute hat sie es dem Mond nicht verziehen, daß er sie um ihre Kinder betrog und seine eigenen behielt. Man hat Bruder und Schwester seitdem nie wieder gemeinsam am Himmel gesehen.«

Die neolithische Agrarrevolution

Als die Mittelsteinzeit, das Mesolithikum, endete, setzte mit der »neolithischen Agrarevolution« die neue Zeit ein. Nun scheint es – wie gezeigt – so zu sein, daß sich in Europa die ersten neolithischen Gesellschaften an der bulgarischen Schwarzmeerküste bei Warna zu bilden begannen. Mit der Seßhaftwerdung der Agrarbauern begann zugleich auch das Zeitalter des Eigentums: und wer was besitzt, dem kann was weggenommen werden. Aus den Streitigkeiten um Besitz entbrannten Kriege, die dann immer häufiger als »gottgewollt« erklärt wurden.

Und mit der »Eigentumsideologie des Patriarchats« begannen ungezählte Einzelentwicklungen, durch die diese Ideologie zum vorherrschenden Wertesystem umgestaltet wurde. Mit höchst unerfreulichen »Nebenwirkungen«, um nicht von Kollateralschäden zu sprechen. Damit sind nicht nur all die häßlichen Begleiterscheinungen gemeint, die aus den vormals gleichberechtigten Frauen untergeordnete Wertgegenstände der Eigentumsideologie machten (bis hin zur ebenso quälenden wie sachlich sinnlosen Frauen-Genitalverstümmelung mit Ausschneiden der Klitoris – oftmals ebenso falsch wie beschönigend »Frauenbeschneidung« genannt – in grausamsten Ritualen).

Sondern etwa auch die Haltungen der Patriarchen gegenüber der Umwelt. Dabei wußte bereits Karl May in seinen »Geographischen Predigten« (in: Schacht und Hütte. Blätter zur Unterhaltung und Belehrung für Berg-, Hütten- und Maschinenarbeiter. 1. Jg.1875/6) nachdrücklich gegen eine falsche und ausbeuterische Anthropozentrik zu schreiben: »Im Umgang mit der Kreatur muß der Mensch sich vor einem Fehler hüten, in welchen er gar leicht verfällt, weil er als größester der Egoisten alles Irdische auf sich, auf sein Vortheil zu beziehen pflegt. Als ›Herr der Schöpfung‹ trachtet er, sich in ihren vollständigen Besitz zu bringen, leugnet ihren Selbstzweck, den Eigennutz seines Thuns und verhält sich streng so, als sei alles Irdische in das Dasein gerufen nur für ihn, der als Gebieter nicht inner-, sondern außerhalb der Reiche der lebenden Wesen stehe.

Deshalb ist er geneigt, Alles nur von seinem selbstischen Standpunkte aus zu beurtheilen und kommt so zu oft falschen Ansichten.« (Vgl. hierzu auch HERMANN WOHLGSCHAFT: Karl May/Pierre Teilhard de Chardin, in: Jahrbuch der Karl May-Gesellschaft 2003, S. 141–243).

Mit dem »Herrn der Schöpfung« mußte MAY den Vorstellungen seiner Zeit entsprechend natürlich den patriarchalisch definierten »Mann« meinen; die Frau aus dieser Vorstellungswelt auszuklammern, konnte ihm damals wohl noch nicht in den Sinn kommen. Zu dieser Vorstellungswelt aber gehört ebenso die Welt der Konfessionsstreitigkeiten: die nur in einer Vorstellungswelt ausbrechen können, in der man wegen Denkfaulheit oder -feigheit keinen Unterschied zwischen GOTT und dem »Gott der jeweiligen Kirche« macht, also streng zwischen Gott und Allah, dem

Tengrila und dem Gott Buddhas, dem Gott des Tao und dem Urgott der germanischen Mutterkuh Audumla unterscheidet.

Gregor Paul hat dazu im M-DCG 1/2002 (S. 60) ebenso präzis wie schön geschrieben: »Sollte man ein Ei am stumpfen oder spitzen Ende aufschlagen? Wie Jonathan Swift in *Gullivers Reisen* darstellt, führte diese Frage in Lilliput zum Bürgerkrieg und schließlich zur Spaltung des Reiches. Im Afghanistan der Taliban konnte das Schicksal eines Mannes davon abhängen, ob er einen Bart oder *den* richtigen Bart trug. Reformbestrebungen in Korea forderten Anfang des 20. Jahrhunderts, dass die Männer sich ihre Haare kurz schneiden ließen. Als schwerwiegende Verletzung konfuzianischer Traditionen begriffen, führte dies zu bürgerkriegsähnlichen Aufständen.

Es ist stets möglich, eine Kultur von anderen Kulturen zu unterscheiden, indem man nur hinreichend weit spezifiziert. Ob unterschiedliche Haartracht, unterschiedliche Essgewohnheiten, ob die Art, in der man sich die Nase putzt oder ›den Rotz‹ hochzieht: die Möglichkeiten, die eigene Tradition gegenüber anderen Traditionen auszuzeichnen, indem man auf an sich belanglose, höchst spezifische Trivialitäten hinweist und sie zu kulturellen Überlebensfragen, ja zu Heilsfragen stilisiert, sind unerschöpflich. Im Zuge von Postmodernismus und Kulturalismus lassen selbst Kulturwissenschaftler ›die Differenz‹ hochleben. Ja, der Anspruch auf ›kulturelle Identität‹ wird mitunter gar zu einem Menschenrecht erhoben. Offenbar ist keine Auffassung zu albern, zu abwegig und zu gefährlich, um nicht zum hilflosen Objekt akademischer Willkür und Verstiegenheit zu werden: vielleicht das Elend der Geisteswissenschaften überhaupt.«

Agrarische Kulturen neolithischer Bandkeramiker

Zu Beginn der Jungsteinzeit, des Neolithikums, geschah eine der folgenreichsten Veränderungen in der Menschheitsgeschichte: durch die »neolithische Agrarrevolution« wurde die produzierende Wirtschaftsweise eingeführt. Seit langem verbindet man die Einführung der Landwirtschaft und die Herstellung von Keramik in Mitteleuropa mit der Kultur der Bandkeramiker, die ihren Namen von Gefäßen bekommen haben, die mit Bändern verziert sind. Die Funde erstrecken sich vom

Dnjestr bis ins Pariser Becken und von der Donau bis in den Raum der Mittelgebirge. Materiell erweist sich diese Kultur als eigenständig, doch glaubt man, aus einigen Ähnlichkeiten in der Keramik Zusammenhänge der Bandkeramiker mit den Trägern der balkanischen Starčevo-Kultur sehen zu können. Dann gehörte auch die Bandkeramik in den Kontext jener archäol. Kulturen, die die im Nahen Osten entstandene produzierende Wirtschaftsweise auf dem Weg über den Balkan nach Mitteleuropa vermittelt.

Gefäß im Stil La Hoguette aus Dautenheim (Rheinland-Pfalz), ca. 32 cm hoch

Doch nach 1980 hat man auch eine andere Tonware erkannt, die in SW-Dtld. oft gemeinsam mit ältesten Funden aus der älteren Bandkeramik auftritt, die man auf 5500 aCn bis 5200 aCn datiert. Ähnlichkeiten des La Hoguette-Typs mit der ca. 300 Jahre älteren Cardial-Keramik aus S-Frkr. lassen die Vermutung gerechtfertigt erscheinen, daß die Cardial-Keramiker sogar schon vor der Bandkeramik-Zeit in M-Europa lebten und wirkten.

Die Bandkeramik hat sich wohl in 2 Wellen ausgebreitet. Die erste Welle entwickelte sich aus dem SO in den W Europas von 5500 aCn bis 5200 aCn, der als zweite Welle die »Flomborn-Welle« zwischen 5300 aCn bis etwa 5150 aCn folgte. Das bedeutet, daß das Gebiet der Rheinischen Bucht wohl aus dem Rhein-Main-Gebiet für die bandkeramische Lebensweise erschlossen wurde.

Linearbandkeramiker hinterließen bei Nieder-Mörlen (Hessen) eine große Anzahl an Bruchstücken von Menschen- und Tierfiguren, wie dieses ca. 3 cm hohe Menschenfigürchen

Eine Auswahl aus ca. 2–5 cm großen Beinfragmenten in der Keramik von Nieder-Mörlen.

Ca. 12 cm langer Torso eines Keramik-Schweins mit der Schnauze aus Nieder-Mörlen.

Diese menschengestaltigen (= anthropomorphen) und tiergestaltigen (= theriomorphen) Figuren haben wohl eine Rolle als Kultgestalten im religiösen Leben ihrer Zeit gespielt. Man hat ihrer in Dtld. an vielen Fundorten, jeweils aber nur in kleinen Zahlen, ausgegraben – ein Indiz für Kultgegenstände (und nicht für »Kinderspielzeug«, was »rational« denkende Wissenschaftler in ihnen sehen wollen).

Die Stier-Plastik der Münchshöfener Kultur aus Geiselhäring in Bayern konnte zur 16 cm langen Schale auf 4 Beinen rekonstruiert werden.

Dieses ca. 32,5 cm hohe anthropomorphe Kultgefäß ebenfalls der Münchshöfener Kultur hat man in Aufhausen (Bayern) entdeckt.

Älteste Bandkeramiker hinterließen in Frankfurt-Nieder-Eschbach (Hessen) diesen theriomorphen (?) Kopf mit durch die Größe hervorgehobener Schnauze; der Kopf ist schwarz poliert und zeichnet sich durch lockige Haartracht aus (also doch anthropomorph? Oder ein hybrides Geistwesen?)

Ebenso lockenköpfig die menschengestaltige Kleinplastik mit »Stupsnase« der ältesten Bandkeramik aus Eilsleben (Sachsen-Anhalt) von 9,5 cm Höhe.

Die ersten seßhaften Neolithiker in M-Europa haben sich sehr große und stabil gebaute Häuser errichtet. Man nahm lange an, daß sie mit ihrem Vieh zusammen in ihnen wohnten. Doch haben Phosphat-Untersuchungen gezeigt, daß dem nicht so war. Ausgrabungen im Braunkohlengebiet auf der Aldenhovener Platte in Nordrhein-Westfalen zeigten, daß sich entlang der Gewässer Pioniersiedlungen aus 2 bis 4 Häusern bildeten, die bald zu Sdlgen bis zu 10 Häusern anwuchsen. Neben den Weilern entstanden manchmal auch isolierte Einzelgehöfte. Erst etwa gegen E der Flomborn-Zeit nach etwa 200 Jahren bildeten sich aus den Einzelgehöften manchmal kleinere Weiler mit bis zu 4 Häusern. Jetzt wurden die größeren Weiler zu Orten von zentraler Funktion, da in ihnen Handwerke eine wichtigere Rolle als in den später gegründeten Kleinsiedlungen spielten.

Diese Zentralorte unterhielten auch Fernkontakte, was durch exotische Materialien, keramische Fremdformen und Gesteinsmaterial nachzuweisen ist.

In Erkelenz-Kückhoven nahe der niederländ. Grenze wurden im Rheinland 1990 erstmals mächtige Eichenbohlen eines bandkeramischen Brunnens gefunden. Die dendrochronolog. Untersuchung ergab, daß die Eiche 5090 aCn geschlagen worden ist. 1997 ergab ein wissenschaftl. Symposium, daß es in Europa wie im Vorderen Orient zahlreiche neolith. Brunnen gegeben hat, die unerwartet hohe Ansprüche an die Trinkwasserqualität offenbaren. Zugleich erbrachten enorme Aufschwünge der Dendrochronologie unerwartet präzise Angaben über Pfahlbauten, jene auf Pfählen über nassem Untergrund »schwebende« Bauten, neben denen es aber auch »normale« ebenerdige Häuser gab.

Bemalte und mit plastischen Formen weiblicher Brüste verzierte Hauswände in der um 3860 aCn datierten Ufersiedlung »Seehalde« am Bodensee (Baden-Württemberg) werden als Teile eines Kultgebäudes angesehen.

Dieses end-mesolithische Spitzbodengefäß erbrachten Ausgrabungen der ertebollezeitlichen Siedlung Rosenhof (Schleswig-Holstein).

Eine der wichtigsten Erkenntnis war, daß die Jungsteinzeit in M-Europa rund 3300 Jahre gedauert hat, von ca. 5500 bis ca. 2200 aCn, etwa doppelt so lange wie bisher angenommen. Als typisch für diese Zeit werden heute Befestigungen aus tiefen Gräben mit holzbewehrten Wällen (Holz-Erde-Mauern), Palisaden und oftmals komplizierten Torgebäuden angesehen. Sie wurden und werden vor allem durch die Luftbildarchäologie entdeckt, die z.B. allein in Bayern über 3000 gefunden hat (von denen bisher 20 Erdwerke gründlicher untersucht wurden).

Nach 1990 kamen noch (bisher) hunderte von Erdwerken in den »neuen Bundesländern« durch die Luftbildarchäologie hinzu. Damit muß jetzt das Problem der »Erdwerke« als völlig neu aufzurollen und im Grunde unerforscht betrachtet werden. Wie weitreichend aber große Grabungen zu völlig neuen Einsichten verhelfen können, belegen die Ergebnisse aus der Aldenhovener Platte, wo 1971–1975 ein 1,7 km langer Abschnitt des Merzbachtals mit 7 bandkeramischen Sdlgen vollständig untersucht wurde: das stellte die Siedlungsgeschichte wie die Siedlungsstruktur der Bandkeramiker auf eine völlig neue Basis.

In den Jahren nach 1990 wurden insgesamt 3 neolith. Brunnen aus dem ausgehenden 6. Jt. aCn entdeckt: neben dem bei Erkelenz-Kückhoven in einer 13 m tiefen Brunnengrube 2 weitere in den bislang größten zusammenhängenden Grabungen in einer frühneolith. Sdlg bei Eythra nahe von Zwenkau in Sachsen: insgesamt also 3 Brunnenkonstruktionen der Linienbandkeramik. Die Eichenbohlen von Eythra stammten von einer Eiche, die im Winter 5084 aCn geschlagen wurde. Auf dem Grund der Brunnen wurden zahlreiche Schöpfgefäße unterschiedlichster Formen gefunden, geflochtene »Beutel« aus dem Rindenbast von Eichen und Linden und Ulmen und Birken. Die Öffnungen der »Beutel« waren mit dünnen Ästen und Stöckchen aus Ulme und Hartriegel und Kornelkirsche aufgespreizt.

Bandkeramische Keramikflasche aus Eythra; die um den Hals gewundenen Schnüre zeigen, daß auch solche Tongefäße zum Wasserschöpfen genutzt wurden; zwei durch Abscheuerung auf den Schultern des Gefäßes entstandene Löcher wurden mit Pechpfropfen und Holzfasern geflickt.

Ebenfalls aus Eythra: 3eckige »Intarsien« aus Knochenplättchen leuchten gelb auf schwarzem Untergrund des ca. 3 cm großen Fragmentes eines Keramikgefäßes. Die Gefäßwand zeigt die übliche eingeritzte Bandverzierung.

So belegen insgesamt die bisherigen neolith. Funde in den Lößböden bei Köln u.a. (die vor allem Prof. Dr. JENS LÜNING bearbeitet) mitsamt den frühesten Holzbauten Mitteleuropas der frühesten Bauern dieser Landschaft deren kulturellen Zusammenhang mit früheren Vorgängen in Südosteuropa, von wo das alles herkam.

Im megalithischen Galeriegrab von Warburg (Nordrhein-Westfalen) entdeckte man in einem Wandstein eingraviert schematische Darstellungen von Rinderpaaren (?) und andere symbolische Zeichen.

Neolithische Opferaltäre für die Magna Mater in der Eifel und in Siebenbürgen

Es gibt noch andere Tatsachen, die auf einen weitgespannten kulturellen Zusammenhang des Neolithikums hinweisen.

So liegt in der Hocheifel auf der Wasserscheide zwischen Rhein und Maas 692 m über NN der »Weiße Stein«, der die Quellgebiete von Kyll und Our und Work beherrscht. Bis zum Ende des »Ancien Régime« 1794 stießen hier die Herrschaftsgebiete von Kurtrier (Manderfeld im Amt Schönberg), Luxemburg (Herrschaft St. Vith), und Kronenburg (ebenfalls zu Luxemburg) zusammen.

Der »Weiße Stein« (etwa 4 km nordwärts von Losheimergraben) im Boxvenn ist ein wuchtiger Brocken eines Gesteins, das es sonst in der Eifel nirgendwo mehr gibt, das aber in nordpolnahen Gegenden Sibiriens häufig vorkommt. Man muß in ihm also einen Findling sehen, den eine Eiszeit aus dem Norden mitgebracht hat (die letzte endete vor ca. 12 000 Jahren) und in ihrer Endmoräne liegen ließ. Solche »erratischen Blöcke« sind insgesamt nicht selten. Schwer aber ist es, die genaue Eiszeit zu bestimmen, die diesen Findling herschaffte.

Der »Weiße Stein« mißt in der Länge etwa 2,72 m, in der Breite ca. 2,17 m und an der schmalsten Stelle 1,52 m, die Tiefe wird auf 0,7 m geschätzt. Daraus ergibt sich ein vermutliches Gewicht von annähernd 15 Tonnen (oder 30 Zentnern). Es handelt sich um einen Monolithen.

In der Nähe laufen zwei alte Römerstraßen vorüber. An dieser Stelle dürften sich auf der Wasserscheide zwischen Maas und Rhein die von den römischen Verwaltungsbeamten gebildeten Provinzen »Belgica Prima« und »Germanica Inferior« berührt haben (und bildeten so eine Grenze, die bis 1794 bestehen sollte). Die Verwurzelung in römischer Zeit erhärten zahlreiche Funde entlang dieser Grenzlinie.

Heißt nun aber der »Weiße Stein« wirklich »Weißer Stein«? Und wenn ja: warum? Als älteste Nennung ist mir bisher eine Eintragung auf der Ferrari-Karte um 1770 bekannt geworden, auf der er als »Wieserstein« eingetragen ist, also wohl als »Weiser Stein«. Als »weise« Steine galten »heilige« Steine, die dadurch geheiligt waren, daß sie als Altarsteine gedient hatten und Orte kultischer Versammlung spätestens von Kelten und Germanen waren. War der Weiße Stein ursprünglich als »weiser Stein« verehrt worden, ehe er 1970 als »Weißer Stein« zum Namenspaten des »Wintersportgebietes Weißer Stein« zwischen Hollerath und Udenbreth wurde?

Als »Opferaltar der Kelten« sehen zumindest lokale Sagen den Stein an.

Der Stein, der hinter dem Holzsteg in einem tiefen Moorloch lagert, erinnert von fern an einen weiblichen Körper (ohne Kopf und Arme, und ohne Beine). Eindeutig nicht auf natürliche Ursachen ist die tiefe Kerbe zurückzuführen, die also wohl von Neolithikern eingeschlagen wurde. Sie haben auch an den Kanten des Lochs, der Mulde glättend herumgehämmert, die wohl als der »lebensspendende Bauch« gedeutet wurde.

Ihm hat man geopfert, wenn man Flüssigkeiten wie Milch in die Kerbe goß, durch die sie in den »Bauch« geflossen ist. Und wenn man zuvor auch Mehl hineingestreut hatte, wurde das von der Milch mitgenommen.

Lediglich die beiden Löcher am linken Rand werden auf eine sehr viel jüngere Zeit zurückzuführen sein: als die »Organisation Todt« entlang der Westwallstraße von Aachen nach Trier über Hellenthal und Prüm den »Westwall« baute und versuchte, den nahe gelegenen Stein zur Verstärkung der Anlage heranzuziehen. Der Versuch ist – glücklicherweise! – gescheitert. Die Magna Mater, die Mutter-Göttin der Neolithiker, war damit wohl nicht einverstanden.

Daran, daß der Stein einst als Opferaltar gedient hat, kann kein Zweifel bestehen. Da aber ein solcher Opferaltar weder von Kelten noch Germanen sonst bekannt ist, wird man andernorts nach Parallelsteinen suchen müssen. Und 1985 habe ich im hohen Gras vor einem Haus an der Wehrmauer des Burgbergs in Sighişoara/Schäßburg (Siebenbürgen im heutigen Rumänien) tatsächlich einen gefunden: eine bemerkenswerte Steinskulptur. Sie stellt den Leib einer Hochschwangeren dar (die rechte Brust und das Gesicht wurden wohl von späteren »Christen« abgeschlagen, da so die »heidnischen« Götter entmachtet werden sollten), deren aufgetriebener Bauch wie ein Altar gestaltet war: eine erhöhte Opferplatte, umgeben von einem kleinen Kanal, von dem aus 5 Abflußgräben zur rechten Seite geopfertem Wein (oder Blut) das Ablaufen zur Erde ermöglichte. Solche Opferaltäre kannte ich nur aus dem Neolithikum; nie aber in dieser Form als Leib einer Schwangeren. Ob es sich wohl um einen Altar der Jungsteinzeit für Fruchtopfer an eine Göttin, eine Tochter der Großen Göttin also handelte? Auf dem Landwirte Früchte aus ihrer Ernte darbrachten, um die zuständige Gottheit fürs nächste Erntejahr erneut günstig zu stimmen? Getreide und Mehl, Milch und Wein?

Man wird das Alter auf ca. 5000 Jahre vor heute schätzen dürfen, also eindeutig ins Neolithikum. Und die Form des Steins wie die in ihn eingeschlagenen Rinnen erinnern mich sehr stark an den (zweifellos älteren, wohl vor ca. 7000 Jahren entstandenen) »weisen Stein« in der Hocheifel im Boxvenn, in dem man dann ebenfalls einen neolithischen Opferaltar zu sehen hätte, auf dem Neolithiker in einem Fruchtbarkeitsritual die Magna Mater, die Große Mutter-Göttin, als Schenkerin allen Lebens verehrten.

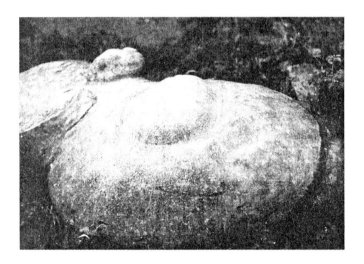

Das nahe Museum in Schäßburg war geschlossen. Ich fand niemanden, der etwas über den Altar zu sagen wußte. 1996 war das Museum zwar geöffnet, als ich wieder in Schäßburg war: aber der Stein war verschwunden. Und niemand im Museum konnte (oder wollte?) mir etwas dazu sagen. Auch 1999 hatte sich daran nichts geändert. Und eine schriftliche Anfrage im Museum blieb ohne Antwort.

Die Religionswissenschaft trennt übrigens scharf zwischen Kultbildern, denen allein eine besondere und oft zentrale Funktion im Kult zukam, und kultischen Darstellungen, die lediglich Bilder oder Plastiken mit Motiven aus der religiösen Wirklichkeit sind.

Nebra im Paläolithikum

Bei Nebra entdeckte man vor 1930 *Feuersteinabschläge* auf dem Flurteil »Die Altenburg« auf einem Bergsporn über dem Unstruttal, der nach N weist. 1957 begann man an der *jungpaläolithischen Oberflächenfundstelle* systematisch, offenliegendes Feuersteinmaterial abzusammeln. 1962 wurde eine Rettungsgrabung durchgeführt, der 1969 eine Nachuntersuchung folgte. Anschließend wurde durch den Bau einer Klärgrube bzw. Aufschüttungen bis zu 8 m Stärke das Gebiet der Fundstelle völlig zerstört bzw. unzugänglich.

Durch Suche und Grabungen wurden insgesamt 12 073 Artefakte aus Stein gefunden (insgesamt = 100 %), von denen 99,8% aus Feuerstein bestehen (0,2 % aus Quarzit, verkieseltem Tuff, Kieselschiefer). Auf der Feldoberfläche, dem Ackerhorizont, in den Burggräben wurden 2986 Artefakte entdeckt = 24,7%; auf der jungpaläolithischen Siedlungsoberfläche 2818 Artefakte = 23,3 %; in den Grubenfüllungen 6269 Artefakte = 51,9 %. Rohkerne waren offenbar zur Abschlaggewinnung von einer entfernten Lagerstätte qualitätsvollen Feuersteins zum Siedlungsplatz gebracht worden.

Man hat auch *Skelettreste* von Wildpferd und Rentier gefunden, Stücke von Mammut-Elfenbein, Knochen und Gebißreste von Wölfen, Eisfüchsen, Schneehasen und Schneehühnern. Sie blieben als Artefakte und deren Halbfabrikate erhalten, als Herstellungsreste und Werkabfälle. Objekte besonderer kultureller Bedeutung wie Schmuck- und Kleidbesatzteile, Frauenstatuetten, Objekte rituellen Charakters usw. entstammen vorwiegend den Gruben. 14 Rentiergeweihreste zeigen Bearbeitungsspuren.

2 stilisierte Frauenfiguren aus Elfenbein wurden ausgegraben, 1 aus Knochen, 1 anthropomorphe Figur aus Elfenbein, 1 menschliche Figur aus Elfenbein, 1 Frauengestalt aus Quarzit. Ferner durchlochte Scheiben aus Elfenbein, Sandstein, Geweih.

1 kleine asymmetrische trapezförmige Platte aus flachem Muschelkalkgeröll mit Ritzzeichnung, von der noch ein Tierkopf zu erkennen ist. 1 Speerspitze aus Elfenbein. Der gesamte jungpaläolith. Siedlungshorizont und die Grubenfüllungen sind wohl durch Ockererden rot eingefärbt worden.

Ein halbkreisförmiger Wohnraum mit ca. 6 m Durchmesser blieb erhalten. Der Bau dürfte aus zahlreichen Stangen bestanden haben, die untereinander verflochten waren bzw. durch Scherengitter-ähnliche Konstruktionen verbunden wurden. Aus ihnen wurde eine kegelstumpfartige kreisförmige Wand von ca. 1,7 m Höhe errichtet, auf die mit Hilfe radial verbundener Stangen eine hauben- oder dachkronenförmige Deckung aufgesetzt war. Überzogen wurde der Bau mit Rentierhäuten, deren nach außen gewendetes Fell wasserabstoßend wirkte. Zahlreiche Bohrer verweisen auf die Herstellung von Kleidung. Der Wohnbau dürfte als Winteraufenthalt gedient haben.

Ein menschlicher Milchmolar eines 7- bis 9jährigen Kindes vom Typus Homo sapiens sapiens wurde ebenfalls gefunden.

Die *Knochenüberreste* aus Nebra verteilen sich wie folgt: 34,4 % Rentier, 31,2 % Wildpferd, 15,6 % Eisfuchs, 9,3 % Schneehase, 3,1 % Alpenschneehuhn, 3,2 % Wildkatze. Und einige Mammutknochenreste.

Das umfangreiche Steinartefakte-Inventar entfällt zu 42 % auf Stichel und deren Kombinationen, 29 % auf Rückenmesser, 11,5 % auf Bohrer, 6,5 % auf Kratzer (mit Stichelkratzern insgesamt 9,5 %).

Der Zeitansatz wird mit ca. 14 000 bis 13 000 aCn angegeben.

Das gesamte Fundmaterial wird einzeln beschrieben und vermessen mit Fundstelle in DIETRICH MANIA »Nebra – eine jungpaläolithische Freilandstation im Saale-Unstrut-Gebiet«, vorgelegt als Band 54 der Veröffentlichungen des Landesamtes für Sachsen-Anhalt – Landesmuseum für Vorgeschichte, Halle (Saale) 1999.

INDIANISCHES

Vor rund 11 500 Jahren überzogen die sogenannten »Ur-Amerikaner« in einer offenbar blitzschnellen Aktion ganz Nordamerika mit einer dichten Schicht *Clovis-Klingen*. Zugleich verschwanden aus Nordamerika alle alten Großtiere wie Mammut, Großhirsch usw. Die Clovis-Menschen sollen über die Bering-Straße aus Asien eingewandert sein, als die Eiszeit viel Wasser im Eis band und der Wasserspiegel viel tiefer war als heute. Für das Aussterben der Tiere wurde lange der Klimawechsel verantwortlich gemacht. So entstand die Lehre, daß die »Ur-Indianer« aus Asien eingewandert seien, und keinen Tropfen europäischen Blutes in ihren Adern hätten.

Als man aber die Mitochondrien-DNA genauer untersuchte, kam man rasch auf Altersangaben um die 20 000 Jahre, also weit älter als Clovis. Das hieß: die US-Wissenschaftler mußten gegen ihre festsitzende eigene Überzeugung die ganze Clovis-Frage neu überdenken. Das konnte man eigentlich nur durch eine Untersuchung der Klingen selbst. Das typischste an den Clovis-Klingen war ihre Zweischneidigkeit, die Tatsache, daß sie auf beiden Seiten Schneiden aufwiesen. Untersuchungen ergaben aber, daß der Clovis-Typ sich nicht über Alaska hinaus nach Sibirien hinein verfolgen ließ: Asien kannte solche Feuersteinklingen überhaupt nicht.

Wohl aber waren Clovis-artige Feuersteinklingen aus dem *europäischen Solutren* (speziell: dem französischen) bekannt. Diese späte Cro Magnon-Menschengruppe lebte bis etwa vor 16 000 Jahren. Wo aber sollten sich die Menschen des Nach-Solutren aufgehalten haben, ehe sie als Clovis-Leute wieder auftauchten? Systematische Forschungen ergaben, daß Knochennadeln, die man am Cactus-Hill gefunden hatte und die man auf ca. 13 500 Jahre datierte, praktisch identisch waren mit Knochennadeln, die noch heute von Grönland-Eskimos verwendet werden. Und mit denen dort noch heute wasserdichte Fellgewänder hergestellt werden können und werden.

Seit 17 000 Jahren gibt es einen Bootstyp, der archäologisch nachweisbar ist und noch heute nach den gleichen Prinzipien wie vor Jahrtausenden erbaut wird. Der Bootstyp wird auch heute von Eskimos zu Fahrten durch das eisige Arktis-Wasser von Eisscholle zu Eisscholle verwendet. Das heißt: für den Solutren-Menschen gab es seit mindestens 17 000 Jahren einen Bootstyp, mit dem er sich auf die Flucht aus dem vereisten Europa begeben konnte, um neue freundlichere Lebensbedingungen zu suchen. Daß er den Versuch erfolgreich unternommen hat, beweist wiederum die Mitochondrien-DNA (die sich ausschließlich in der weiblichen Linie von Mutter zu Tochter findet).

Denn während der nach wie vor zweifellos aus Asien eingewanderte Indianer als typischen DNA-Spiegel die Sequenz A + B + C + D aufweist, ergab es sich plötzlich, daß Menschen des Ojibwa-Stammes außerdem noch das DNA Typ X aufweisen. Und der Typ X ist europäischer Herkunft. Genauere Untersuchungen des DNA Typ X ergaben für ihn ein Alter von ca. 15 000 Jahren. Das aber heißt, daß vor ca. 15 000 Jahren Solutren-Menschen sich mit ihren Eskimo-ähnlichen Booten und den Cactus-Hill-ähnlichen Knochennadeln auf die Reise über ca. 5000 km eiskalten Nordseewassers von Eisscholle zu Eisscholle aus etwa dem »französischen« Solutren nach Westen begeben haben und eines Tages den Nordosten der USA erreichten, wo sie sich mit zu den Ahnherren der Ojibwa machten. Das aber wirft Fragen nach der Herkunft der Labyrinthe auf. Doch davon später.

Der Welt ältestes Tempelanlage in Anatolien und Metallurgie im Iran

Vor rund 11 000 Jahren entstand in Anatolien die älteste steinerne Tempelanlage auf Erden, also weit vor der neolithischen Agrarreform. Dieser Tempel dürfte dem Mond-Kult gewidmet gewesen sein, und der matriarchalischen Herrschaft: man hat Skulpturen der Göttin gefunden, die durch überproportionale Dimensionen auf einen Fruchtbarkeitskult hinweisen.

Die Tempelanlage entstand auf dem Göbekli Tepe = Nabel-Berg auf rund 90 000 qm nahe der Aufspaltung in Euphrat und Tigris und wurde 1999 entdeckt (seither gräbt man sie aus). Sie scheint als Kultzentrum von Großsippen bzw. Stämmen errichtet worden zu sein. Neben den mit Reliefs als Kultbildern verzierten Mauern bzw. Stelen hat man auch eine Phallusstatuette, freizügige Frauenritzungen und Halbreliefs von Jagdgetier entdeckt, von Eber und Stier, Löwe, Wolf und Fuchs. Knochenfunde belegen nur Wild, aber keinerlei domestiziertes Hausgetier: der Gedanke an die Zähmung und Domestizierung von Tieren ist wohl erst später entstanden. Tonnenschwere Steinpfeiler in T-Form sollten wohl Götter verkörpern, Berg- und Wettergottheiten, deren Köpfe in der Form des Querbalkens des T dargestellt sind (sollten sich daraus später die »Hörner« jüngerer Gottesgestalten, gar die »Mondhörner« ALEXANDERS DES GROßEN, entwickelt haben?)

Auf jeden Fall wird man künftig davon auszugehen haben, daß die ersten steinernen Bauwerke der Menschheit als Tempel in Anatolien, und nicht als wehrhafte Dorfanlagen etwa in Palästina, in der noch nomadisierenden Altsteinzeit und nicht erst in der seßhaft werdenden chalkolithischen, gar agrarrevolutionierenden neolithischen Zeit errichtet wurden.

Um ca. 7000 aCn tauchen bei Jericho erste realistische Porträtköpfe auf, die man erarbeitete, indem man Totenschädel mit Tonschlamm überzog und dann die Feinheiten der Darstellung ausarbeitete. In dieser Zeit dürfte die Menschheit die »Unschuld« der nomadisierenden Jäger und Sammler verloren haben, wie in der Geschichte von KAIN und seinem Bruder ABEL erschreckend dargestellt und wohl aus dem Entstehen von Agrarbesitz und dessen Bedrohung durch den nomadisierenden Hirten begriffen ist. Die letzten solchen Porträtköpfe tauchen um ca. 5000 aCn bei Badža (= Ba'ja) auf.

Um 7000 aCn findet sich bei Basta eine erste Steinsiedlung, in der man kräftige Marktentwicklung (und also fortgeschrittene Wirtschaftsform) nachweisen kann. Um 6500 aCn beginnen Brennprozesse und um 6000 aCn in Çatal Hüyük nachweisbar die belegbaren Formen dominanter Rollen von Frauen (»Matriarchat«?). Hier finden sich mit Tonschlamm verkleidete Tierschädel, aus denen an den Seiten nur die Hörner herausragen, wie schon 2500 Jahre zuvor in Göbekli Tepe. Grabhügel stellen wohl zugleich Kultplätze für die Toten dar, die man als »Verbindungsleute« zwischen der Welt der Lebenden und der außerirdischen jenseitigen Welt der Gottheiten ansah.

Noch einmal: der Urbau auf Erden war ein Göttertempel, und kein Wohnhaus, eine Kultstätte und keine Burganlage eines Verteidigungssystems. Und er entstand in Anatolien.

Damals also war der Menschheit schon die überragende Bedeutung der Frau als Geberin neuen Lebens bekannt (wenngleich sie die Zusammenhänge von Beischlaf und Zeugung durch Insemination noch nicht kannte). So entstand bereits vor der Agrargesellschaft eine Gesellschaftsordnung, in der die Frauen die erste Rolle spielten. Und noch lange zu spielen hatten: z.B. entstanden im Nahen Osten Städte mit »Göttinnen« (als die man die Herrscherinnen ansah), die sich jeweils im Herbst den »Frühlingskönig« nahmen, ihn mit allem Luxus überschütteten, sich von ihm befruchten ließen, nach der Befruchtung entließen, und ihn die nächsten Monate als verantwortungslosen Mann herumstreifen ließen, der tun durfte, was er wollte: bis die Frucht seines Beischlafs mit der Göttin-Königin das Licht der Welt erblickte. Dann wurde er in feierlicher Ritual-Zeremonie geopfert, auf daß die Götter der Herrscherin weiterhin gewogen blieben. Die sich einen neuen »Frühlingskönig« nahm und alles von vorne beginnen ließ.
  Diese Geschichte wird unzählige Male in den Wandbildern und Fußbodenmosaiken der Jahrtausende erzählt. Sie bildet den Schlüssel zum Verständnis der Bilder, die sonst so unverständlich erscheinen. Sie bildet aber auch den Schlüssel zum Verständnis der gleichen Geschichte, wie sie in der altägyptischen Mythologie erzählt wird: in Texten wie in Bildern.
  Und zum Verständnis der altgriechischen Tragödien, die immer wieder den Kampf der Frauen mit den Männern um die Vorherrschaft schildern: wie AGAMEMNON von seiner Frau und deren Geliebtem ermordet wurde; wie IPHIGENIE auf Tauris denselben Kampf kämpfte; usw. usf. Manchmal gewannen sie, manchmal verloren sie. Langsam aber gewannen die Männer unter der Sonne die Übermacht.

Agrarische Gesellschaften in Europa müssen demnach also spätestens seit den ersten Versuchen zu gezielter Tierzucht in der Jungsteinzeit gewußt haben, daß zur Fortpflanzung das gemeinsame Wirken eines männlichen und eines weiblichen Wesens benötigt wird. So ist denn anzunehmen, daß überall da, wo »Fruchtbarkeitsgöttinnen« im weitesten Wortsinn verehrt wurden, auch mit der Existenz entsprechend befruchtender »Fruchtbarkeitsgötter« zu rechnen ist. Wobei aber offen bleiben muß, ob die einwandernden Indogermanen diesen Fruchtbarkeitskult von den bereits ansäßigen Neolithikern übernommen haben, oder ob sie ihn selbst ausbildeten. An der Tatsache, daß Indogermanen mit Neolithikern vergesellschaftet gelebt haben, besteht allerdings wohl kein Zweifel mehr.

Im iranischen Hochland sind vor rund 6000 Jahren, also im Neolithikum, die »Kupferleute« nachweisbar. Es handelt sich um jene Menschen (von deren Sprache man nichts weiß und die man also nicht einmal versuchsweise bei ihrem Namen rufen kann), die wohl als die ersten Metallurgen der Welt anzusehen sind. Denn im Gebiet von Arisman und Tepe Sialk schmolzen sie als erste weltweit aus Kupfererz Kupfer aus, und schufen so einen bisher unbekannten Stoff, mit dem sie eine weitere Revolution in Gang setzten, aus der die heutige Welt entstand.

Bei Arisman errichteten sie eine Art »Ruhrgebiet der Kupferzeit«, indem sie die älteste und größte Industriesiedlung der Welt erbauten, in der sie wohnten und zugleich in hunderten von Schmelzöfen (die archäologisch nachgewiesen sind) ihr Kupfererz schmolzen, und dadurch zugleich die unendlichen Wälder der Landschaft für immer vernichteten.

Vor ca. 5000 Jahren begann, wie die Beisetzungen und Grabstätten belegen, das Individuum an Bedeutung zu gewinnen und die Oberhand über die bisherige Ahnenverehrung. Bis dahin hatten sogenannte Langgräber die Möglichkeit massenhafter Beisetzungen geboten, die zugleich den Lebenden den einfachsten Zugang zu ihren toten Ahnen boten, die sie verehrten, um ihre Hilfe für das hiesige Alltagsleben zu gewinnen.

Damals hörte der Mond auf, die Vorherrschaft am Himmel innezuhaben. Er hatte wegen des Monatszyklus der Frauen als Gestirn der Frauen gegolten, die Mondzeit als Epoche der fraulichen Herrschaft. Jetzt trat die Sonne in den Vordergrund, die als Zeichen des Mannes galt und in deren Zeichen das Patriarchat begann. In der Mond-Zeit hatte der Mond die Jagdzeiten reguliert, in der die Männer auf die Jagd zogen, während die Frauen das Heim mitsamt dem Heimatort beherrschten.

An die spannenden Zeiten der Jagdabenteuer unter dem Mond und seiner Herrschaft erinnerte man sich sehnsüchtig in den unruhigen aber unaufregenden Zeiten unter der Sonne. Und deshalb versuchte man eine Verbindung von Sonne und Mond als gleichberechtigten Himmelsmächten herzustellen, wie es z.B. in der Form von Newgrange und Avebury und Stonehenge gelang, oder in der Form der Himmelscheibe von Nebra oder den 3 Goldhüten, die bis heute gefunden wurden.

Die picassoide Matronen-Ziege zu Bonn

Nach dem Neolithikum kam in Europa die Antike. Die bekanntesten Fruchtbarkeitsgöttinnen der kontinentaleuropäischen Antike sind die »Matronen« und unter diesen wiederum die aus dem Bonner Raum stammenden »Aufanischen Matronen«. Nun mehren sich seit einigen Jahren die archäologischen Beweise, daß der den Matronen zuzuordnende Fruchtbarkeitsgott der keltische »Mercurius Gebrinius« ist, der »Ziegen-Merkur«, wobei man daran denken muß, daß die Römer den unheimlichsten, den wandernden Gott WOTAN, ihrem Wandergott und Götterboten MERKUR gleichsetzten.

Um 185 lebten in Bonn zwei Damen aus feinstem römischen Adel. Die eine war SUTORIA PIA, die Gattin von TITUS STATILIUS PROCULUS, dem Präfekten der 1. Minervischen Legion mit dem Ehrennamen »zuverlässig und treu«. Die andere war FLAVIA TIBERINA, die Frau von CLAUDIUS STRATONICUS, dem Legaten der 1. Minervischen Legion, und da der Legat ein Offizier senatorialen Ranges war, war sie selbst wenigstens durch die Ehe gleichgestellt. Nun dürften die Damen, auf der Menschheit Höhen wandelnd, ihre Freizeit weniger mit den moralinsauren Sittenepisteln des älteren CATO oder den literarisch so bewundernswerten Reichspropagandaschriften CAESARS verbracht haben, als vielmehr mit jener ihrem freieren Geist angemesseneren Literatur nach der Art des gerade in dieser Zeit erschienenen Romans der magischen Verwandlungen von APULEIUS »Der goldene Esel«, oder in der Art der hellenistischen Abenteuer- und Liebesromane, für die der rund 50 Jahre später schreibende HELIODOROS mit seinen »Aithiopischen Geschichten von Theagenes und Charikleia« das bekannteste und beste Beispiel lieferte.

Die in diesen Romanen so wirkmächtige Exotik aber mag die beiden Damen dazu veranlaßt haben, sich mit der Exotik ihrer unmittelbaren Umgebung genauer zu befassen, etwa mit den von den Legionären so sehr verehrten Matronen, den für den Bonner Raum so typischen aufanischen zumal, deren Namen auf einen Zusammenhang mit den die beiden Bonner Trockenrücken trennenden wie umgebenden »aufanja« (= Venns, Sumpfgebiete) hinweist, die wiederum mit ihren Sumpfgräsern nicht nur Ziegenweiden gewesen sein, sondern auch als Habitate Pan-ähnlicher Götter gegolten haben mögen, wie etwa des den Matronen zuzuordnenden keltischen Ziegengottes MERCURIUS GEBRINIUS (keltisch »gabros«, lateinisch »caper« = Ziegenbock).

Da gingen Römer(innen) hin und ließen sich von keltischen Steinmetzen zu Bonn Altäre schaffen, die den aufanischen Matronen gewidmet waren, aber in völlig ungewöhnlicher Weise auf uralte keltische Stil- und Darstellungselemente zurückgriffen und nicht auf die damals üblichen Bildelemente. Am deutlichsten zeigt das der Weihealtar von STATILIUS PROCULUS und SUTORIA PIA, auf dessen Rückseite ein Baum zu sehen ist, aus dem eine Schlange emporzüngelnd sich einem Nest mit Vögeln nähert, Symbole der Erde und der ungezähmten Natur. Unter dem Baum aber befindet sich eine Darstellung, die eines PICASSO würdig wäre: man sieht eine Mutterziege, deren Kopf über ihre Placenta gebeugt ist und deren Körper in den drei wichtigsten Stellungen des Werfens gezeigt wird. Die Ziege läßt sich eindeutig als zur früh in Europa domestizierten Spezies der Säbelhornziege gehörig identifizieren. Langlebigkeit und lebenslange Fruchtbarkeit der Ziegen waren damals wohlbekannt, die sich damit als Symbole der Fruchtbarkeit geradezu anboten. Und es mag sein, daß in der 3-Phasen-Darstellung ein Schlüssel zu der auffälligen Matronen-Trias fast aller Darstellungen steckt.

Im Gesamtbereich des Römischen Reiches hat man bisher insgesamt rund 1700 Darstellungen mehrzahliger weiblicher Gottheiten entdeckt, davon rund 700 »Matronen mit Beinamen« vor allem im Gebiet der Ubier.

Abb. 48 Die Bildseite des den Aufanischen Matronen zu Bonn von Sutoria Pia und ihrem Mann Statilius Proculus geweihten Altars mit der Darstellung der picassoiden Dreifach-Ziege, die gerade geworfen hat, der Schlange und dem Vogelnest; ca 185 pCn (nach Umzeichnung von Margret Sonntag-Hilgers)

LABYRINTHE

Auf Kreta entstand im 3. Jt. aCn die neolith. Kultur *Frühminoisch* I–III (bis ca. 2000 aCn), oder auch »Varpatastzeit« bzw. FM. Sie unterhielt bereits gefestigten Handel mit den Kykladen, mit Kleinasien, Griechenland, und Ägypten.

Dem FM folgte etwa 2000–1600 aCn das *Mittelminoisch* oder MM als erste griech. Hochkultur unter König MINOS (der ihr später auch den Namen gab) mit der Zeit der älteren Paläste (Phaistos, Knossos, Malia usw.), die Stadtzentren waren und als fürstl. Residenzen dienten. Sie waren zugleich Sitz der kulturellen Oberschicht, der zentralistischen Verwaltung mit Piktograph-Verwaltungsschrift (ungedeutet), Werkstätten bedeutenden Kunstgewerbes, Magazin landwirtschaftl. Produkte, Stapelplatz für Exportgüter.

MM I–III folgte ca. 1600–1200 das *Spätminoische* SM I–III, in dem ein wirtschaftl. wie künstler. Aufschwung nach der großen Naturkatastrophe um 1600 aCn erfolgte, wohl unter Führung der »jüngeren Paläste«. In dieser Zeit trat die erste griech. Schrift auf, »Linear-A-Schrift« (entziffert durch MICHAEL VENTRIS). Die Explosion des Vulkans von Thera/Santorin zwischen 1500 und 1450 aCn traf auch die kret. Siedlungen (bis auf Knossos) aufs Schwerste und brachte u.a. die Einwanderung der Mykener und ihrer Kulturformen (1200–1000 aCn).

In Kapellen und Krypten der Paläste, in Höhlen usw. wurde ein (wohl im vorgriechischen, also nicht-indogermanischen Neolithikum des Frühminoischen entstandener) Kult der Großen Mutter bzw. der Fruchtbarkeitsgöttin gepflegt; und in diesen Zusammenhang gehörte wahrscheinlich als »Fruchtbarkeitsgott« auch der kretische ZEUS. Alle 9 Jahre kamen Mond- und Sonnenkalender zusammen, und dann feierten spätestens die minoischen Griechen die »heilige Hochzeit«, griech. *hieros gamos* (von Sonne und Mond, Mond und Sonne). Sie feierten ihn im *geranos* = Kranichtanz (so genannt, weil seine Choreographie die Flugmanöver eines Kranichflugs nachahmt), der noch heute in bestimmten Volkstänzen (etwa auf Kreta) weiterlebt, ein leichtfüßiger Rundtanz.

Zu gleicher Zeit entstand das *kretische Labyrinth*, dessen 7 Kreise die 7 (damals) bekannten Gestirne darstellen sollen, zu denen man auch Sonne und Mond rechnete. (Ähnlich bestreuen noch heute in manchen indischen Regionen junge Frauen den »Gebärteller« mit 7kreisigem Labyrinth, das den Geburtsvorgang darstellen und so die Geburt erleichtern soll, wenn die Gebärende die in Flüssigkeit aufgelöste Labyrinthform trinkt).

Als Ausgangsform des Labyrinths sieht man heute den *Mäander* an, der seinerseits die *Formen der Eingeweide* darstellt, wie sie durch die »Eingeweideschau« den Priestern bekannt geworden ist. Das Labyrinth wurde wohl aus einem Kreuz mit den 4 angesetzten Eckpunkten und den darüberliegenden umfassenden 7 Kreisbögen entwickelt und ist in zigtausendfacher Form als Steinritzung, Tontafel, Fußbodenmosaik usw. erhalten. Die römische Zivilisation kannte das »Troja-Spiel« als Übung Berittener, die nach strengen Regeln die labyrinthisch verschlungene Reitbahn bewältigen mußten. Den Namen *Troja-Spiel* hatte es wohl bekommen, weil die Reitbahn die Form der legendären Stadt Troja nachzuahmen bemüht war und die Labyrinthkreisformen durch Mauer-Linien ersetzt. Die »Troja-Burg« diente als Bühne für Fruchtbarkeitsrituale.

Aus der lateinischen Zivilisation bzw. Kultur übernahm die christliche Kirche das Labyrinth in neuen Deutungen. Zunächst als *gotisches Labyrinth* mit 11 Ringen und 28 Kehren, wie es noch heute ungezählte Besucher in die Kathedrale von Chartres lockt, die auch deswegen zu einer Art Wallfahrtsort wurde. In Amiens gestaltete man das Labyrinth als 8eck (Acht-Eck) usw. Doch die einsetzende Renaissance ließ die Kirche das Labyrinth als »unchristliches Teufelswerk« ansehen und neu »heidnisch« deuten, und also für neue Kirchenbauten untersagen.

Dadurch und wegen der Kleinheit von Dorfkirchen, die keinen Platz für Labyrinth-Anlagen boten, entstanden (wiederum ungezählte) *Rasen-Labyrinthe*, die bis heute die Erinnerung an diese Urform menschlicher Kult- und Kunsttätigkeit lebendig halten. Und im 18. Jh. eine neue Welle der größten Labyrinth-Kultur in Gang setzten, die sich sogar in der Musik (etwa bei BACH) und der Schriftform in Büchern und Pamphleten deutlich erkennbar machte. In englischen Dörfern kann man bis heute z.B. Rasenlabyrinthe vor den Kirchen nach dem Vorbild des Fußbodenlabyrinths von Chartres bewundern. Im deutschen Kaufbeuren fanden bis A des 20. Jh.s umfangreiche »Tetzelfeste« (= Drachenfeste) in Gestalt eines Ringtanzes auf labyrinthischer Grundlage mit labyrinthischer Choreographie statt. Das thüring. Graitschen weist in seinem Amtssiegel bis heute das Labyrinth auf (das in der Nähe als Gras-Labyrinth bei einem Grabhügel entstand). Und die Schären vor Schwedens Küsten weisen im Ostsee-Bereich zahlreiche Labyrinthe auf, die aus Steinen gelegt worden sind (wie einst die »Schiffsgräber«).

Während nun aber alle bisher besprochenen Labyrinth-Formen auf die indogermanische mittelmeerische Grundform aus dem griech. Minoertum auf Kreta zurückzuführen sind einschließlich ihrer literarischen Verarbeitung in der Sage von König MINOS und seiner Königin PASIPHAE und deren Verliebtheit in den herrlichen Stier des POSEIDON nebst deren Kind MINOTAURUS und dem genialen Ingenieur DAIDALOS, der der PASIPHAE ihre »Holzkuh« als Liebesgemach und später dem König das Labyrinth als Aufbewahrungsort für das Monster erdacht haben soll, sowie dessen Halbschwester ARIADNE, die dem Monsterkiller THESEUS den Ariadnefaden schenkte (das Symbol ehelicher Verbindung), damit er (der Faden)

ihm (dem THESEUS) nach dem Abenteuer im Labyrinth mit dem MINO-
TAUROS den Weg aus dem Labyrinth wieder heraushelfe: verweist die
Labyrinth-Form auf dem indischen »Gebär-Teller« auf die Existenz der
Labyrinth-Idee auch im außereuropäischen asiatischen Indien.

Daneben gibt es außerhalb der indogermanischen Welt weitere La-
byrinth-Gedanken. So haben etwa die *indian. Navajo* die komplizierte
Form des *Doppel-Labyrinths* erdacht, das in seiner Doppelung die enge
Zusammengehörigkeit von 2 Wesen darzustellen hat: etwa Mutter +
Kind, Sonne + Mond usw. Und die ebenso *indian. Hopi* das rechteckige
Labyrinth (als Symbol der »bergenden Höhle« usw.)

Eine weltweite Labyrinth-Forschung steckt aber noch in den ersten Anfängen.

Im Zusammenhang mit den Gebräuchen der indianischen Navajo und
Hopi, und mit der »angeblichen« friedlichen Harmonie zwischen den Ge-
schlechtern zur Zeit der Mond-Zeit, also des Matriarchats, wird man auch
die *Forschungsergebnisse in der peruanischen Pyramidenstadt Caral* neu
zu überdenken haben, die zwischen ca. 4000 aCn und etwa 3000 aCn in
größter Blüte stand. Da entstand eine (nach allen archäologischen Befun-
den) absolut friedliche Kultur auf der Basis des Handelsaustauschs zwischen Bauern (die Baumwolle herstellten) und Fischern (die daraus Netze
schufen und die Baumwolle mit Muscheltieren und Trockenfisch bezahl-
ten). Bisher konnte man keinerlei Spuren irgendwelcher Kampfhandlungen
finden, noch gar von Verteidigungsanlagen. Allerdings lebten die Bauern
im Binnenland und die Fischer am Pazifik etwa 50 km voneinander ent-
fernt. Sollte die gegenseitige Abhängigkeit und die Distanz zwischen den
Lebensräumen beider Gruppen zur »Friedlichkeit« beigetragen haben?

DIE »HIMMELSSCHEIBE VON NEBRA« ALS TEIL DES NEOLITHISCHEN KULTURHORIZONTES IN EUROPA

Gegen 2000 aCn tauchen erste Indogermanen in Europa auf. Alle früheren
Geschehnisse und Artefakte müssen als vor- und also nicht-indogermanisch
angesehen werden. Doch werden nicht-idg. Funde und damit auch Befunde
immer dichter, vor allem im sächsisch-thüringisch-anhaltischen Raum.
Die Funde machen zugleich immer deutlicher, daß einerseits vor allem die
neolithische Welt untereinander in Europa in engem Zusammenhang ge-

standen haben muß, aber auch gute Beziehungen über die Donau in die mittelmeerischen Räume Kleinasiens (Hethiter, Babylonier) und Nordafrikas (Altägypten) unterhielt. Belegen läßt sich das mühelos durch Waren (etwa mitteleuropäische Ösenhalsringe im Tempel von Byblos, ägyptische Klappstühle in Nordeuropa). Doch wanderten mit den Waren auch Gedanken (Schmiede an Elbe und Weser schmiedeten griechische Lanzenspitzen, übernahmen aus Kleinasien das Speichenrad usw.)

Luftbildarchäologie machte auf ein Feld *bei Goseck* (nahe Nebra) aufmerksam, wo nachgrabende Forschung *das bisher älteste Observatorium Europas* aufdeckte: ca. 7000 Jahre (bzw. ca. 5000 aCn). Es mißt 75 m im Durchmesser, besteht aus 2 Kreisen aus 2 m hohen Holzpalisaden und 3 Toren; an 2 exakt berechneten Öffnungen tritt das Sonnenlicht in die Gosecker Anlage. Am 21. Dezember, dem Tag der Wintersonnenwende, konnte man am Morgen das Licht der aufgehenden Sonne vom Zentrum der Anlage aus genau durch das SO-Tor sehen, am Abend das der untergehenden Sonne durch das SW-Tor.

Abb. 49 Wie bei der »Himmelsscheibe«; vom Zentrum zur Wintersonnenwende. Am 1. Mai Sonnenuntergang über dem Kyffhäuser; Sonnenuntergang hinter dem Brocken zur Sommersonnenwende

Der kürzeste Tag des Jahres, der Tag der Wintersonnenwende, wurde als Beginn eines neuen Lebensabschnitts gefeiert. Knochenfunde und Materialien weisen darauf hin, daß die Anlage nicht nur nüchterner Zeitmessung diente, sondern auch als Kultstätte funktionierte. Was für Menschen genau beobachtend, präzis rechnend, gestaltungsfreudig das Observatorium anlegten, und welche Gedanken sie dabei hegten, ist (noch) unbekannt. Mit Sicherheit aber waren es keine Indogermanen.

Abb. 50 Der »Adonis von Zschernitz«

Grabungen bei Zschernitz im sächsischen Landkreis Delitzsch förderten zufällig den »*Adonis von Zschernitz*« zutage (Alter etwa 7000 Jahre bzw. ca. 5000 aCn). Das 8 cm lange Fragment gehörte einst zu einer ca. 25 cm großen Männerfigur. Bisher waren aus diesem frühen Neolithikum lediglich Figuren schematisch geformter weiblicher Körper bekannt mit ausladenden Brüsten und herausragendem Gesäß. Dieses Bruchstück einer männlichen Figur zeigt in gebranntem Ton wohlgeformte Po-Backen mit Einritzungen, muskulöse Beinansätze, ein überdimensioniertes Geschlechtsteil. Die Ritzungen dürften wohl Tätowierungen darstellen. Die *Gestalt des Adonis* insgesamt ein Kultidol eines Fruchtbarkeitsritus. Die Ausgewogenheit der Formen bestätigt, daß die Menschen, die den Adonis herstellten, bereits trotz ihrer Steinwerkzeuge höchst versierte Handwerker waren. Auf keinen Fall aber Indogermanen.

Vor rund 9000 Jahren fand dann also der gewaltige Umbruch statt, der die Menschheit aus der Verbindung mit den Ahnen in die Freiheit der Individuen entließ. Und zugleich aus der mond-beherrschten matrilinearen bzw. matriarchalischen Herrschaftsordnung in die sonnen-beherrschte patrilineare bzw. patriarchalische Herrschaftsordnung führte.

Zuvor hatten die Geschlechter praktisch in Harmonie gelebt: die Männer zogen auf die Jagd, die Frauen sammelten am Ort des jeweiligen Verweilens und hüteten die Kinder. Mit dem langsamen Zugewinn von materiellen Werten durch den bearbeiteten Boden mit seinen Pflanzen und das Auftauchen domestizierter Haustiere begann auch das Auftreten von Raubüberfällen, in denen die einen versuchten, den anderen deren Zugewinn abzunehmen. Wie gesagt: die Zeit der Kriege begann.

Es muß gegenwärtig aber noch völlig offen bleiben, ob dieser Eindruck harmonischen Zusammenlebens beider Geschlechter zur Mond-Zeit nicht doch trügerisch ist und lediglich durch die Zufälle des (noch zu geringen) Fundmaterials entstanden ist, bzw. durch die relativ großen Räume, die den einzelnen Stämmen zur Verfügung standen. Denn natürlich wird auch damals schon unter den Menschen Neid und Habgier geherrscht haben, sodaß kaum anzunehmen ist, daß sie nicht reichere und bequemere Lagerstätten überfielen und ausraubten, und sich dabei gegenseitig auch erschlugen.

Da aber nachweislich im Zeitalter der Sonne mit ihren Unregelmäßigkeiten das Leben unsicher wurde, trat Sehnsucht nach der »ordentlichen« alten Zeit unterm Mond auf. Um diese Sehnsucht zu befriedigen, mußten die Priester-Könige versuchen, ihre Völker davon zu überzeugen, daß neben der »heutigen« Sonne auch der »gestrige« Mond noch herrsche. Also entstanden Anlagen wie der irische Grabhügel *Newgrange* mit seinem Ganggrab und den beeindruckenden Mond-Symbolen; oder das englische *Stonehenge* (das im oberen Sonnenfenster den Zeitpunkt des jährlichen Wintersonnendurchgangs sichtbar und fixierbar macht, im unteren Mondfenster dasselbe mit dem monatlichen Monddurchlauf); also wurden Instrumente wie die »*Goldhüte*« geschaffen (die in Wirklichkeit eine Art Rechenmaschinen für komplizierte Zeitberechnungen waren).

Und vor rund 3500 Jahren entstand im heutigen Nebra (in Sachsen-Anhalt) die »*Himmelsscheibe*«, die man die älteste bekannte astronomische Darstellung auf Erden nennt. Sie zeigt in Gold auf Bronze die Sonne mit der Himmelsbarke, den Mond mit dem Siebengestirn der Pleiaden – beide gleichgroß, also gleich bedeutend in der Funktion als »Himmelsfürsten«. Es dürfte sich demnach um jene neolithische Zeitspanne gehandelt haben, in der die Zeit des Mondes zu schwinden, die der Sonne aufzusteigen begann.

Die »Himmelsscheibe von Nebra«

1999 fanden Raubgräber mit Hilfe von Metallsonden auf dem *Mittelberg bei Nebra* eine Himmelsscheibe in Tellergröße mit einem Durchmesser von ca. 32 cm und 2 kg Gewicht aus Bronze und tauschierten Goldeinlagen; und als Beifunde 2 Schwerter, 2 Beile, 2 Spiralarmreifen, 1 Meißel. Die Grabräuber bzw. ihre Hehler konnten in einer Polizeifalle in Basel gefaßt werden.

Die Beifunde ermöglichen eine Datierung auf ca. 1600 aCn (vor ca. 3600 Jahren). Die Materialuntersuchung ergab als Herkunft des Kupfers (der Grundlage der Bronze) in Scheibe und Geräten den Mitterberg bei Bischofshofen in Österreich; als Herkunft des Goldes mit 21 % Beimischung von Silber (das heute rumänische) Siebenbürgen.

Abb. 51 Die »Himmelsscheibe von Nebra«

Der Künstler, der frühesten um 3800 (bzw. 1800 aCn) die Scheibe anfertigte, war nicht nur erkennbar geistig hochstehend, sondern auch handwerklich hochversiert, da er die Geheimnisse des Metalls bzw. der Metallurgie, ihre Eigenschaften, ihre Mischungsverhältnisse kennen mußte. Er wußte, den Guß zu bereiten, bei dem nur wenig Zinn dem Kupfer beigegeben werden durfte, damit zähe und geschmeidige Bronze entsteht. So formte er den Himmel der schwarzen Nacht (der heutige Grünschimmer der Bronzeplatte entstand durch Patina), in den er Sonne, Mondsichel, Horizontlinien, Himmelsboot, Sterne in Gold eintauschierte.

Auf dem Mittelberg hat man wohl schon vor 7000 Jahren (ca. 5000 aCn) Kultrituale vollführt. Und in der Eisenzeit wurde die Kuppe von einem kreisförmigen Wall von 160 m Durchmesser eingefaßt, um das Heilige vom Profanen zu trennen. Denn als »heilig« galt der Beobachtungsplatz mit Sicherheit. Die »Himmelsscheibe« stellt anders als die Steinsetzungen im irischen Newgrange oder im englischen Stonehenge nicht nur den Apparat dar, sondern gibt darüber hinaus als »Festplatte und Datenspeicher der Bronzezeit, ihrer Kultur und ihrer religiösen Vorstellungen« eine Art Gebrauchsanweisung für die Steinsetzungen.

Von den 32 Sternen sind auf der Scheibe 25 in bewußtem Chaos angeordnet und zeigen so den Sternenhimmel. Die 7 weiteren Sterne bilden das Sternbild der Plejaden ab, das Siebengestirn; wenn es am 9. März zum letzten Mal am Himmel erschien, begann die Zeit der Aussaat; wenn es Mitte Oktober zum ersten Mal im vom Vollmond beherrschten Teil des Nachthimmels wieder auftauchte, endete das bäuerliche Jahr. Die Scheibe diente also sowohl als landwirtschaftlicher wie als spiritueller Kalender.

Nach Sonne, Mond und Sternen kam in einer 2. Phase das goldene Abbild der Horizontbögen hinzu. Sie stellen den Lauf der Sonne während des Jahres sowie ihre Auf- und Untergangspunkte dar. Zugleich sind sie ein klarer Beweis dafür, daß die Scheibe im Raum um Nebra entstanden ist: denn die Winkel von 82 Grad entsprechen exakt dem Sonnenlauf in der Gegend von Nebra bzw. von Sachsen-Anhalt zur frühen Bronzezeit. So konnten die Menschen in dieser Gegend durch genaue Peilung den Stand des Jahres feststellen – wie schon 3000 Jahre zuvor ihre Vorgänger im Observatorium von Goseck (die aber mit Sicherheit noch keine Indogermanen waren, wie mit großer Wahrscheinlichkeit aber bereits die Herren der Himmelsscheibe von Nebra: haben die Nebraer Indogermanen die Gosecker Nicht-Indogermanen noch kennengelernt mitsamt deren Observatorium?, oder haben die einen selbständig in derselben Landschaft dieselben astrologischen Überlegungen wie die anderen angestellt?).

In der frühen Bronzezeit zwischen 2000 und 1500 aCn erlebte Mitteleuropa einen markanten Innovationsschub. In Mitteldeutschland kreuzten sich wichtige Handelswege, vor allem des Salzes. Das gewann man aus äußerst ergiebigen Solequellen. Für die bronzezeitliche Gesellschaft war der Wert von Salz immens – es diente zur Konservierung von Lebensmitteln, zum Gerben von Leder, bei der Verarbeitung von Metallen, in der Viehzucht, und als unverzichtlicher Geschmacksstoff.

Und in der 3. Phase wurde der Bildergeschichte noch aus andersartigem Rot-Gold (mit nur 15 % Silber) der Goldbogen zugequetscht, der als »Sonnenbarke« interpretiert wird. Wie die Menschen im Alten Ägypten sahen wohl auch die in Mitteleuropa den blauen Himmel als Abbild des Meeres an. Und wie im Alten Ägypten der Sonnengott RE in der Barke den Himmel von Ost nach West befuhr, so wohl auch eine Sonnengottheit in Mitteleuropa von links nach rechts, die Nachtreise der Sonne. Später wurde die Himmelsscheibe dann noch vielfach gelocht, wohl um sie an einer Wand aufzuhängen.

Endlich aber wurde die Himmelsscheibe senkrecht in einem Steinkasten zusamt der Beifunde in die Erde versenkt, wo die Raubgräber sie dann 1999 wieder auffanden (und bis 2002 in Besitz hatten). Vielleicht war es eine Weihegabe. Vielleicht aber auch das Ende einer Ära. Denn gegen Ende der Bronzezeit kam es vielerorts zu gewaltsamen kriegerischen Auseinandersetzungen. Ob durch Invasoren aus dem Osten, ob durch Einwanderer aus dem Süden, ob als Ausdruck innergesellschaftlicher Konflikte: ist bisher völlig unbekannt.

Nicht aber unbekannt sind die *Goldhüte*, von denen bisher 4 bekannt sind: der älteste etwa um 1300 aCn entstanden, der jüngste um ca. 800 aCn. Diese Goldhüte stellen komplizierte Kalenderberechnungssysteme dar, die dem Sonnenkult dienten. Bemerkenswert allerdings ist, daß Ägypter wie Babylonier die Sonne personalisierten und in Statuen wie Bildern konkretisierten, die Darstellungen der Sonne in Mitteleuropa aber merkwürdig abstrakt geblieben sind.

Bildtafeln

Abb. 1
Der »Vierwirbel« (Sonnensymbol?) aus dem 6. Jt. aCn, Jaspis, H 5,6 cm, B 5,4, cm

Abb. 2
Frauenfigur, ca. 3500 aCn, inkrustierte Ornamente betonen den Faltenwurf des Gewandes. H 10,6 cm, B 5,1 cm

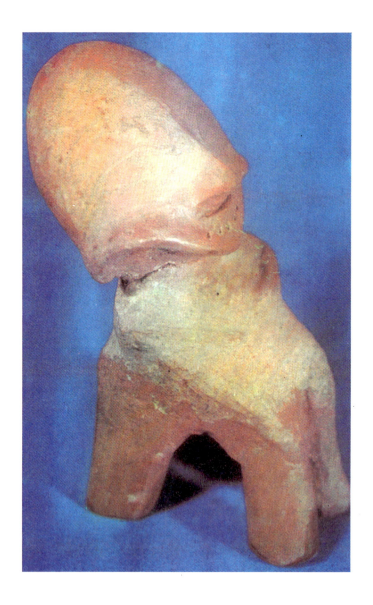

Abb. 3
Sitzende Figur, ca. 3500 aCn; die sitzende Frauenfigur auf Stuhl mit dreieckiger Lehne durch schematisch eingeritzte Linien dargestellt; die Arme unter der Brust verschränkt. H 11,6 cm, B 5,8 cm

*Abb. 4
Neolithische Keramik-
Grabbeigaben aus
Warna (ca. 5000–
ca. 4500 aCn)*

*Abb. 5
Neolithische Keramik-
Grabbeigaben aus Warna
(ca. 5000–ca. 4500 aCn)*

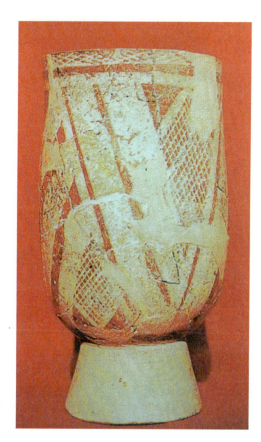

*Abb. 6
Neolithische
Keramik-Grab-
beigaben aus
Warna
(ca. 5000–
ca. 4500 aCn)*

*Abb. 7
Neolithische
anthropomorphe
und andersgestaltige
Keramik-Grabbeiga-
ben aus Gabrowo
(ca. 4500–4000 aCn)*

*Abb. 8
Neolithische anthropomorphe und andersgestaltige Keramik-Grabbeigaben aus Gabrowo (ca. 4500–4000 aCn)*

*Abb. 9
Neolithische anthropomorphe und andersgestaltige Keramik-Grabbeigaben aus Gabrowo (ca. 4500–4000 aCn)*

*Abb. 10
Neolithische anthropomorphe und andersgestaltige Keramik-Grabbeigaben aus Gabrowo (ca. 4500–4000 aCn)*

*Abb. 11
Neolithische anthropomorphe und andersgestaltige Keramik-Grabbeigaben aus Gabrowo (ca. 4500–4000 aCn)*

Abb. 12
Neolithische anthropomorphe und andersgestaltige Keramik-Grabbeigaben aus Gabrowo (ca. 4500–4000 aCn)

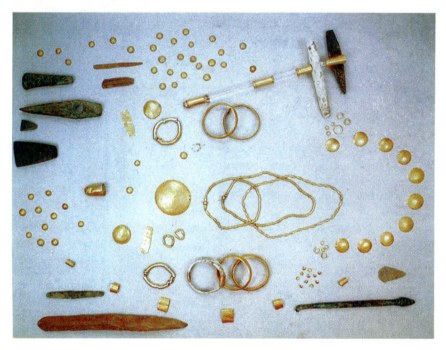

Abb. 13
Neolithische Gold- und Kupferfunde aus Gräbern bei Warna (6.–5. Jt. aCn)

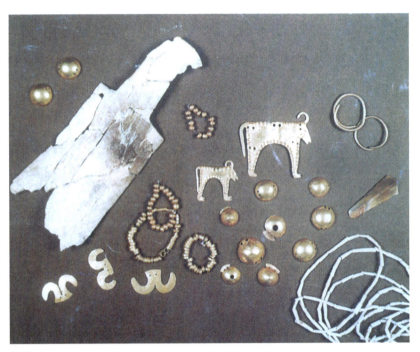

Abb.14
Neolithische Gold- und Kupferfunde aus Gräbern bei Warna (6.–5.Jt.aCn)

Abb.15
Neolithische Gold- und Kupferfunde aus Gräbern bei Warna (6.–5.Jt.aCn)

Abb. 16, 17
Neolithische Keramik-Grabbeigaben ca. 4500–4000 aCn (vielleicht aus Stara Zagora) im Archäologischen Museum in Sofija. Die Ritzungen auf den weiblichen Figuren dürften wohl Tätowierungen darstellen, deren Sinn noch unbekannt ist, ebenso wie die Doppelfigur (Mitte), die vorne wie hinten die weibliche Figur zeigt.

*Abb. 18, 19
Museum Warna: Beisetzung
mit Goldschmuck; Feuersteinwerkzeuge und Goldschmuck*

Abb. 20
Tulpenförmiges Gefäß
31 cm hoch, 17 cm Durchmesser; Rote Farbe, gut polierte Oberfläche mit weißer Humusfarbe bemalt; Asmaschka, bei Stara Zagora

Abb. 21
Teil einer Tonschüssel; Frühneolith., bei Lowetsch; Farbe rot, gut poliert, mit weißer Humusfarbe bemalt; Dekoration: Swastika

Abb. 22
menschliches Antlitz
auf Tongefäß,
Asmaschka bei Stara
Zagora;
7,6 cm Höhe,
6 cm Durchmesser
des Bodens;
Farbe blaßbraun,
grobe Oberfläche

Abb. 23
menschliches Antlitz auf
anthropomorphem Ton-
gefäß, bei Hotnisan;
14,5 cm Höhe,
Farbe hellbraun,
glatte Oberfläche

Abb. 24
Kopf einer menschlichen Tonfigur, 2. H Eneolithikum, Karanowo-Siedlungshügel; Farbe hellbraun, grobe Oberfläche, Kreise am Kinn und höchster Teil des Kopfes mit grüner Kupferfarbe, Gesicht rot
7,2 cm Höhe, 9,5 cm Breite

Abb. 25
Tonschüssel Übergangsperiode, aus Korten bei Nowa Zagora; Farbe grau, grobe Oberfläche, tiefe Einkerbungen
4 cm Höhe, 10 cm Durchmesser

Abb. 26
Tonschlüssel, 1. H Eneolithikum, Karanowo-Hügel;
Polychrom (außen mit Inkrustationen aus gelbem Ocker, innen mit
gelbem und rotem Ocker bemalt), Oberfläche gut geglättet; 7,1 cm Höhe,
Durchmesser des Bodens 5,6 cm, Durchmesser der Öffnung 21 cm

Abb. 27
Tongefäß, 1. H Eneolith.,
aus Gradeschnitsa
Farbe dunkelgrau,
Oberfläche poliert
66 cm Höhe,
Durchmesser 45 cm

Abb. 28
Tönernes Kultlämpchen,
1. H des Eneolith.
Aus Gradeschnitsa
Verziert mit schematisch modellierten Menschenköpfen und -körpern (eine Ratsversammlung des Fürsten?) Eingekerbtes geometr. Ornament auf den Wänden; Farbe hellbraun, Oberfläche gut poliert; 13,5 cm Höhe, 16 cm Wandlänge

Abb. 29
Marmoridol aus dem Chalkolithikum bei Blagoewo

*Abb. 30
Anthropomorphes Webgewicht
aus Ton; H 10,1 cm; Frühneolithikum, bei Kremenik
(Reg.-Hist. Mus. Pernik)*

*Abb. 31
Männlicher Kopf aus Ton;
H 7 cm, B 5,1 cm,
T 5,2 cm; Frühchalcolithi-
kum, aus Slatina bei
Dupnitsa; porträt-ähnlich
(Hist. Mus. Kjustendil)*

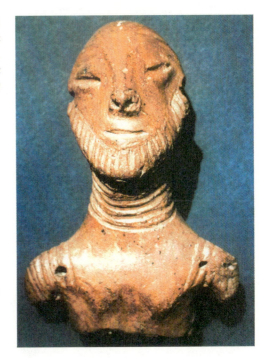

Abb. 32
Bildnis eines bärtigen
Mannes aus Karanovo VI,
Drama-Merdzumekja
(Hist. Mus. Jambol)

Abb. 33
Anthropomorphe Figur aus der späten
Bronzezeit, Ton, H 20,5 cm; Nekropole von
Orsoja bei Lom; Dekor aus eingeritzten,
mit weißer Paste inkrustierten Ornamenten
(Hist. Mus. Lom)

Abb. 34
Tönerner Kopf aus dem Chalkolithikum bei Stara Zagora (alle im Nationalen Archäologie-Museum, Sofija)

Abb. 35
Tönernes Frauenfigürchen aus Sofija, Frühneolith. Farbe dunkelgrau, Oberfläche geglättet mit schlecht erhaltenem Ornament bemalt; 8,6 cm Höhe

Abb. 36
Schematisch ausgearbeitete reliefartige Menschenfigürchen auf Tongefäßen Frühneolith. »Mann« (Asmaschka), Farbe blaßbraun, Oberfläche geglättet 9 cm Größe

Abb. 37
»Frau« (Asmaschka), Farbe blaßbraun, Oberfläche nicht gut poliert 3 cm Höhe

Abb. 38
»Schwangere«?
(Gradeschnitsa),
Farbe blaßbraun,
Oberfläche geglättet
11 cm Höhe

Abb. 39
Kopf einer Tonfigur aus der
»Übergangszeit« zum Eneo-
lith. (aus Kalojanowets)
Farbe grau, Oberfläche
geglättet, 7 cm Höhe

Abb. 40
Vorder- und Seitenansicht Tongefäß des Frühneolith. (Karanowo-Hügel) Farbe blaßbraun, dunkelbraun bemalt, Oberfläche gut geglättet 14,5 cm Höhe, 4,1 cm Breite

Abb. 41
Beinern, anthropomorph; 1. H Eneolith. (Karanowo-Hügel); Kupferohrring und Kupfergürtel) Farbe gelblich, Oberfläche geglättet; 8 cm Höhe, 2,7 cm Breite

Abb. 42

*Abb. 43
Zoomorph,
Hirsch, Frühneolith. (aus Muldawa);
Farbe rot, Oberfläche poliert, mit weißer Humusfarbe bemalt
57 cm Höhe,
68 cm Länge*

*Abb. 44
Zoomorph,
2. H Eneolith.,
(Karanowo-Hügel)
Mit Bändern verziert, die eine rauhe und eine polierte Oberfläche haben; zwischen ihnen ist weiße Masse inkrustiert; Farbe rot
14,5 cm Höhe,
10 cm Breite*

Abb.45 : Tărtăria

Abb.46 : Bulgarien

*Abb. 48
Persisches Goldrelief aus der Zeit
der Achämeniden (ca. 400 aCn):
ein Held besiegt die Löwen
(in: Ancient Art & Architecture
Collection, London)*

*Abb. 49
Die Bildseite des
den Aufanischen
Matronen zu Bonn
von Sutoria Pia und
ihrem Mann Statilius
Proculus geweihten
Altars mit der Darstellung der picassoiden
Dreifach-Ziege, die
gerade geworfen hat,
der Schlange und dem
Vogelnest; ca 185 pCn
(nach Umzeichnung
von Margret Sonntag-Hilgers). (Aus Hw.
Haefs: Das ultimative
Handbuch des
nutzlosen Wissens,
München 1998).*

Bildtafeln

Abb.50
Wie bei der »Himmelsscheibe«; vom Zentrum zur Wintersonnenwende Am 1. Mai Sonnenuntergang über dem Kyffhäuser; Sonnenuntergang hinter dem Brocken zur Sommersonnenwende

Abb.51

Abb.52

Vom Matriarchat zum Patriarchat

Die Männer, die »unter der Sonne die Herrschaft errangen«, also: gegen die Frauen, schufen sich um 500 vor Christi Geburt in einer Art Zeitachse auch ihre »Herrschaftsideologie« – so in China KUNG FU-TSE (CONFUCIUS) als berühmtestes Beispiel. Seine Schriften, soweit sie das Verhältnis der Männer zu den Frauen betreffen und die Herrschaftsverhältnisse, begründen ausnahmslos die männliche Vorherrschaft (warum auch immer, bleibe hier dahingestellt).

In der Folge gab es in aller Welt immer wieder Große Frauen, die Herrschaft ausübten: ob in China oder Ägypten (HATSCHEPSUT, KLEOPATRA), im Heiligen Römischen Reich (THEOPHANO) oder in England (ELISABETH I.), in Rußland (KATHARINA DIE GROSSE) oder Frankreich (MME POMPADOUR). Sie alle aber galten als Ausnahme (als ob große Männer nicht ebenso »Ausnahme« unter ihren läppischen normalen Zunftgenossen gewesen wären), also als »Unregelmäßigkeiten« in der Regelmäßigkeit des Patriarchats.

HATSCHEPSUT etwa wurde im altägyptischen Pharaonenreich, das ausschließlich von »Männern« beherrscht wurde, geradezu lehrbuchhaft »entsorgt«: ihr Stiefsohn und Nachfolger als Pharao, TUTMOSIS III., ließ ihren bedeutenden Kanzler und wahrscheinlich auch Liebhaber sowie Vater ihrer Tochter SENENMUT aus fast allen Steintexten ebenso rigoros herausmeißeln, wie etwa seine Steinstatuen (vor allem in der von SENENMUT erfundenen Hockerwürfelform) durch Abmeißeln der Nase für die Nachwelt »töten«; genau so rigoros aber auch HATSCHEPSUT selbst: die Frau, die als Witwe des Pharaos TUTMOSIS II. zunächst die Regentschaft übernahm und sich später dann selbst zum Pharao krönte (das Wort »Pharaonin« war ausschließlich für die Frau eines Pharao üblich). Sie, die als »großer Pharao« galt, konnte sich in den Augen des Nachfolgers ihre Position nur illegal erschlichen haben, trotz all ihrer großen Leistungen zu Lebzeiten, und durfte deshalb überhaupt nicht existiert haben, wie eben auch ihr bedeutender Mitarbeiter SENENMUT, der sich u.a. rühmte, eine Hieroglyphe entdeckt zu haben, »die er nicht in den Schriften der Vorfahren fand«. (Siehe PETER H. SCHULZE: Herrin beider Länder – Hatschepsut. Frau, Gott und Pharao. Gustav Lübbe Verlag, 1976)

Das Grab ihres Kanzlers SENENMUT übrigens weist ein besonders bedeutendes Deckengemälde auf: es zeigt die Sternbilder und die sonstigen astronomischen Eigenheiten eines vollen Mondkalenders (und damit nicht allein die Himmelsform der bereits vergangenen »Mondzeit«, sondern auch die Astronomie des zu HATSCHEPSUT passenden Matriarchats).

Im übrigen scheint es mir in diesen altägyptischen Zusammenhängen lohnend zu sein, einmal über das merkwürdig unverständliche und vorgängerlose Auftreten des Pharao ECHN-ATON, des »Ketzer-Pharaos«, und seinen monotheistischen Sonnen-Glauben nachzudenken, dem er ca. 1230 aCn die Stadt *Achet-Aton* = Horizont des Aton erbaute (heute: Amarna). Könnte sich hier nicht, in Altägypten erstmals, das patriarchalische Herrschaftssystem »unter der Sonne« gewaltsam die Vorherrschaft zu erzwingen versucht haben?

Auch wird man nicht übersehen dürfen, daß in der alten Astrologie das Zeichen für den Mond als Zeichen der Frau aus zwei Halbmonden, einander zugewandt, bestand: 69, und das für den Löwen als Zeichen des Mannes aus zwei Sonnen: ∞.

ÜBER DIE ROLLE DER FRAUEN ALS KULTURTRÄGER HEUTE

So also ergab es sich insgesamt, daß die »männlich orientierte Gesellschaft« Frauen nicht mehr als »Normalos« anzusehen vermochte: ungezählte Frauen etwa, die bedeutende Werke schufen, wurden von der Männergesellschaft in »Männer« umgedeutet, oder schlechthin verleugnet. Diese Tatsache tauchte beispielsweise erstmals auf, als bekannt wurde, daß GOETHES »Diwan« in Wirklichkeit größtenteils aus Dichtungen der MARIANNE VON WILLEMER besteht. GUSTAV SICHELSCHMIDT veröffentlichte 1993 im Droste-Verlag »Dichter und ihre Frauen«, in denen vielerlei solche Verleumdungen nachgewiesen werden.

Vorher hat MARIO PRAZ in seiner grundlegenden Studie »La carne, la morte e il diavolo nella letterature romantica« (Florenz 1930, als »Liebe, Tod und Teufel. Die schwarze Romantik« 1963 im Carl Hanser Verlag) nachgewiesen, welche gewaltige Rolle die schlesischen Pastorenfrauen für das Entstehen der englischen »gothic novel«, der deutschen Dichtungen der schwarzen Romantik gespielt haben.

Ihm folgte 1986 DALE SPENDER mit »Mothers of the Novel« (Pandora, New York) und 1988 GISELA BRINKER-GABLER mit ihren 2 Bänden »Deutsche Literatur von Frauen« (bei C.H. Beck).

Das alles begeisterte mich sehr, denn ich hoffte, daß jetzt endlich die Frauenbewegung auch dieses Gebiet erreicht habe, *hélas*, aber das hatte sie nicht. Denn seither ist meines Wissens nichts Neues auf diesem Gebiet erschienen, das die wenigen genannten Arbeiten doch nur angeritzt haben. Warum aber haben sich die »frauenbewegten Damen« dieses Thema entgehen lassen?

Und auch andere Gebiete lassen sie unbeachtet liegen. Etwa die Tatsache einer eigenen »Frauenschrift« in China, die in einem völlig ungeklärten völlig anderen Schreibduktus entstand: vor mindestens 1000 Jahren in der heutigen Provinz Hunan, das »Nushu«, das nur Frauen lernen durften und das vor Männern (die »Nanshu« schrieben) geheimzuhalten war. Gottseidank haben die letzten noch lebenden Frauen, die *Nushu* beherrschten, in letzter Sekunde ihre Diskretion aufgegeben, sodaß erste Bände mit Übersetzungen aus Nushu ins Normal-Chinesische angefertigt werden konnten. (Und keine Frau hat sich dieses Themas im Westen angenommen, sondern 1996 der niederländische Sinologe WILT L. IDEMA in »Vrouwenschrift« bei Meulenhoff, Amsterdam).

Ähnlich diskret behandeln sie auch die Tatsache der »Frauensprachen« bei nordamerikanischen Indianervölker, die je ein Frauenhaus und ein Männerhaus haben, in denen die Frauen die jungen Mädchen in der Frauensprache in ihrer Frauenkultur unterrichten, die Männer junge Knaben in der Männersprache in der Männerkultur. Und deren Kulturen untergehen, weil etwa bestimmte Indianerstämme als absolut schwindelfrei im US-Hochbauwesen eingesetzt werden, weshalb sie solange aus ihren Dörfern weg sind, daß sie die nachwachsende Generation in Männersprache wie Männerkultur nicht mehr unterrichten können.

Mir ist noch kein einziger Bericht einer weiblichen Forscherin über diese Fragen bekannt geworden. Wohl aber einige von Männern, die zumindest die Tatsache berichten und den Untergang der betreffenden Sprachen und Kulturen beklagen. Was übrigens auch von »Frauensprachen« in Japan gilt.

Frauen in Kempen und Landfrauenbünde

Es hat sich aber Gottseidank in Regionalverlagen eine neue Literaturart zu etablieren begonnen, die sich ausschließlich mit der Geschichte von

Frauen in Städten oder Gegenden oder Lebensformen beschäftigt, und die also von anderer Seite her die Frauen eigen-artigen Lebensformen zu untersuchen trachtet. So hat beispielsweise der »Verlag für Regionalgeschichte« in Niedersachsen D-33335 Gütersloh (Windelsbleicher Straße 13) bisher vorgelegt: INGRID AHRENDT-SCHULTE u.a. (Hgb.) »Geschlecht, Magie und Hexenverfolgung«, SABINE ALFING u.a. »Frauenalltag im frühneuzeitlichen Münster«, KARIN EHRICH u.a. »Adlige, Arbeiterinnen und ... Frauenleben in Hannover 17.–20. Jahrhundert«, INGO KOPPENBORG »Hexen in Detmold. Verfolgung in der lippischen Residenzstadt 1599–1668«, VERA LEUSCHNER »Malwida von Meysenburg: Die Malerei war immer meine liebste Kunst«, Schaumburger Landschaft (Hgb.) »Geschichte Schaumburger Frauen«, GABRIELA SIGNORI (Hgb.) »Meine in Gott geliebte Freundin. Freundschaftsbriefe aus klösterlichen Schreibstuben«, GABRIELA SIGNORI (Hgb.) »Lesen, Schreiben, Sticken und Erinnern. (Mittelalterliche Frauenklöster)«, KERSTIN STOCKHECKE »Marie Schmalenbach 1835–1924. Pfarrersfrau und Schriftstellerin aus Westfalen«, LILIA WICK »Geschichte der Frauen in Kempen. Arbeit, Bildung und Öffentlichkeit im 19. und 20. Jahrhundert«.

Dieses Buch beleuchtet die Arbeit, die Bildung und das öffentliche Leben der Kempenerinnen vom A des 19. Jh. bis zur M des 20. Jhs. Zunächst geht es um die Arbeitswelt der Frauen und den Wandel des geschlechtsspezifischen Arbeitsmarktes. Im Teil über die Frauenbildung wird deutlich, wie sehr das religiöse Milieu das Leben der Frauen prägte. Der zweite Teil behandelt das öffentliche Leben: *das Vereinswesen,* die Professionalisierung der weiblichen Wohltätigkeit, sowie die kommunalpolitischen Wirkungsmöglichkeiten. Die Umbrüche zwischen 1800 und 1950 veränderten auch das Leben der Frauen tiefgreifend. Regionale Begebenheiten mit der jeweiligen wirtschaftlichen, politischen und gesellschaftlichen Entwicklung zu verzahnen – das löst die Studie beispielhaft ein.

Sie belegt aber ebenso eindeutig auch, daß es immer Kriege waren, die durch die hohen Anforderungen an Pflegeleistungen für die Verwundeten wie an den Männerersatz in Industrie und Wirtschaft die tradierten »Männerberufe« aufweichten und den Frauen den Ausbruch aus den »Frauenberufen« ermöglichten. Das Preußische Vereinsgesetz von 1850 etwa verbot es Frauen noch ganz allgemein, sich mit politischen Aktivitäten zu befassen, von der Teilnahme an politischer Versammlungen bis zur Mitgliedschaft in politischen Vereinen. Doch die ersten Frauenvereine entstanden in Deutschland bereits 1815 zur Zeit des anti-napoléonischen Krieges im Rahmen eines »Allgemeiner Wohltätigkeitsvereins achtbarer Frauen und Jungfrauen im General-Gouvernement des Niederrheins«. Sie sollten Geld und Kleidung für die Lazarette sammeln und die Pflege Verwundeter übernehmen. Denn die preußische Armee bestand nach der Durchführung der allgemeinen Wehrpflicht nicht mehr nur aus Soldaten, sondern jetzt auch vor allem aus den Söhnen und Brüdern und Männern, aus Bürgern also.

Nach 1830 setzte eine zweite Welle von Frauenvereinsbildungen ein, die der Verelendung durch die Frühindustrialisierung und die Auflösung feudaler Strukturen entgegen wirken sollte. Genau ausgearbeitete Statuten für Frauen- und Jungfrauenvereine wurden 1851 dem Bischof von Münster zur Genehmigung vorgelegt. Zunächst traten vor allem die Frauen und Töchter der städtischen Führungsschichten bei: der Landräte, Bürgermeister und Notare, der Ärzte und reichen Kaufleute. In deren Kreisen sah man es als Christenpflicht an, Wohltätigkeit zu üben. Und diesen Idealen sollten auch ihre Frauen folgen.

Die zahlreichen Kriege (1864 gegen Dänemark, 1866 gegen Österreich, 1870/71 gegen Frankreich) machten durch den Massenanfall von Verwundeten erneut den Einsatz der Frauen nötig. Und in den Friedenszeiten dazwischen das wachsende Bedürfnis nach Hauswirtschaftslehre für die Mädchen ebenso wie die Hilfsbedürftigkeit werdender legaler wie illegaler Mütter. Das führte zu einer immer weiter um sich greifenden Differenzierung der Frauenvereine, die sich zudem auch noch in kirchliche und vaterländische Vereine spalteten, aber alle Sozialfürsorge wie Verwundetenpflege intensiv betrieben. Diese Themen führten schließlich zur Gründung von Arbeiterwohlfahrtsvereinen, in denen jetzt auch Arbeiterfrauen tätig werden konnten.

1892 führte man in Kempen schließlich auch das Mädchenturnen, anfangs nur an der Höheren Mädchenschule, ein; 1905 als obligatorisches Unterrichtsfach in allen preußischen Volksschulen. Doch noch 1924 veröffentlichte das Niederrheinische Tageblatt einen Artikel, in dem kirchlicherseits jedes »Schauturnen«, das gemeinsame Strandbad von Männern und Frauen, das gemeinsame Hallenbad strengstens als Verstoß gegen die Scham als »gottgegebenen Schild des Weibes« abgelehnt wurde. Dabei nahm der Schwimmverein Aegir 21 immer mehr Mädchen und Frauen auf, und 1934 konnte sogar eine eigene Damenabteilung gegründet werden.

Aufnahme 1926 der Damenabteilung des Schwimmvereins Aegir 1921 mit Schwimmlehrern

Und im 2. Weltkrieg ging es ähnlich zu wie im 1.: die Frauen mußten Männerarbeit leisten und Frauenwohlfahrt ehrenamtlich vollführen. Und nach dem Kriegsende als »Trümmerfrauen« gegen geringsten Entgelt schwerste körperliche Arbeit leisten, die erst zur Normalisierung des Lebens und dann nach 1950 zum Aufschwung des Wirtschaftswunders führte. Danach ließen sie sich nie mehr in den engen Rahmen früherer Vorstellungen von der Angemessenheit der sogenannten Frauenarbeit zwängen. Zwar sind sie heute gesetzlich gleichberechtigt und zu allen Arbeiten wie Männer frei, aber haben noch längst nicht die gleichen Chancen wie die Männer.

So aber, wie die Stadtfrauen sich aus ihrer Isolierung und Unterdrückung durch die Grauen der Kriege befreien konnten, so wollten nun auch die Landfrauen aus ihrer Isolierung heraus: woraus die Landfrauenverbände entstanden.

Als Vor- oder Frühform solcher Landfrauenverbände wird man uralte Dorffrauen-Sitte ansehen können, sich etwa beim Backen um den »Backes« (das Backhaus) zu versammeln und während des Backvorgangs

»Kall« (= Gespräch) zu halten. In rheinischen Gebieten zum Beispiel gab es oftmals die Form des »Gemeindebackens« um einen öffentlichen Backofen. In der Eifel bot die Zeit des Wartens darauf, daß das Brot ausgebacken war und »ausgetan« werden konnte, den weiblichen Familienangehörigen Gelegenheit zu »Kall« und Spiel, und machte so das Backhaus zu einem Treffpunkt der Frauen im Dorf, wo man sich zum Austausch von Neuigkeiten und zum »Kall« traf. Und für die Frauen war dieses »Kallen« besonders wichtig, kamen sie doch selten im Wirtshaus oder auf dem Dorfplatz mit ihresgleichen zusammen. Der Kalltreff beim Backhaus bot ihnen eine der seltenen Gelegenheiten, aus ihrer Isolation auszubrechen.

Ein letztes Gebiet sei kurz angeschnitten. Daß die matrilineare Erbfolge grundlegend ist, geht aus der Tatsache hervor, daß nur die Mutter mit relativer Sicherheit weiß, wer der Vater des Kindes ist. Weshalb schon die alten Römer den Rechtssatz kannten: »Mater certa, pater incertus« (die Mutter ist gewiß, der Vater aber ungewiß). Und der Code Napoléon die Nachforschung nach der Vaterschaft rigoros ablehnt.

Eigenartig ist nun, daß zwar die matrilineare Erbfolge vielfach in den Gesellschaften anerkannt ist (so kann keiner Jude sein, dessen Mutter nicht Jüdin war), doch führt das höchst selten zur Gesellschaftsform des Matriarchats (etwa im alten Vorderasien, noch heute bei bestimmten Völkern im chinesischen Hunan usw.). Die Matrilinearität übrigens läßt verblüffende Überlegungen in Verbindung mit der Mitochondrien-DNA entstehen: Wenn also alle Frauen, die heute leben, auf dieselbe matrilineare Erbfolge zurückschauen können, dann bedeutet das, daß entweder alle Menschen Juden sind, denn alle Mütter müssen dem jüdischen Gesetz nach Jüdinnen sein, oder aber auch in diesem Fall erweist sich die scheinbar natürlich vorgegebene Gesetzlichkeit des Judentums als eine willkürlich eingeführte Regel, die im selben Augenblick zerplatzt, in dem Kenntnis vom wirklichen Sein ihr entgegentritt. Ich übrigens sähe es keineswegs als Schande an, wenn man mich als Juden betrachtete (obwohl ich außer der mütterlichen DNA-Reihe nichts dazu aufzuweisen habe).

Wie hoch Männer aber auch im Allgemeinen die Frau einschätzen (schon allein aus diesem einzigen Grund), geht daraus hervor, daß im Krieg allgemeine (Un)Sitte das Vergewaltigen ist. Das hat doch nur dann Sinn, wenn man die Feinde dadurch im Mark treffen kann. Deren höchstes Eigentum, ihre Frauen, werden durch Vergewaltigung beschädigt, ihr wertvollster Besitz (die Erbwürdigkeit) in Gefahr gebracht. Vergewaltigen wird daher von allem Militär immer wieder als »Geheimwaffe« eingesetzt, um den feindlichen Mann zu treffen (ob Japaner im Krieg gegen China, ob sowjetische Russen gegen Deutsche, ob Türken gegen Armenier). Und um den eigenen Leuten kostenlosen Zugewinn an Eigenwertgefühl zu verschaffen: »Ich habe die Feind-Frau vergewaltigt, also den Feind-Mann geschädigt, also zu unserem Sieg beigetragen.«

Diese Überlegungen werden noch deutlicher, wenn man sich ansieht, wie »Patriarchen« in ihren Gesellschaften den Frauen das freie Ausgehen verbieten, sie unter Schleier und Kopftuch zwingen, ihnen die Gesellschaft mit anderen Männern untersagen usw.

Gerade gegen diese Vereinzelung aber haben Frauen in und nach den letzten Weltkriegen ein ausgezeichnetes Mittel gefunden: sie haben sich in Frauengesellschaften aller Art zusammengeschlossen, um so im größeren Verband die Kraft zu haben, sich gegen solche Vereinzelungen und Verknechtungen zu wehren. Nicht zuletzt aus solchen historischen Gedankenentwicklungen sind auch die »Landfrauen-Verbände« entstanden.

Ein besonders bemerkenswertes Beispiel für die gewaltige Macht der weiblichen Sexualität aber geben jene Patriarchen, die etwa in der ägyptischen feinen Gesellschaft am Nil noch bis in die 50er Jahre des 20. Jahrhunderts ihre Bräute von geheuerten Dienern entjungfern ließen (vor welchem »Verbrechen« sie eine Todesangst empfanden), ehe sie sie ehelichten. Und eben aus derselben Angst wird auch die Tempelprostitution vor Jahrtausenden im Alten Orient erwachsen sein, als Jungfrauen sich 1 Monat lang im Tempel jedem Interessierten hinzugeben hatten, dessen Geld dann in den Tempelschatz strömte, ehe sie »entjungfert« und damit ihrer gefährlichen Magie entkleidet waren.

Warum der Glaube an diese Magie entstanden ist, vermag ich nicht zu sagen (hat wohl auch sonst niemand bis heute herausgefunden), wenn er nicht in der Erkenntnis von der ungeheuren Macht der Leben-Gebärenden wurzelt. Daß aber dieser Glaube immer noch lebt, kann jede in Bosnien oder Afghanistan Vergewaltigte bestätigen. Oder in Bochum oder dem Englischen Garten.

Faszinierend ist es auch, zu beobachten, wie sich welche Wörter in den unterschiedlichen Sprachen für »Frau« (althochdeutsch »frôwa« = weibliche Form zu »frô« = Herr) durchsetzen bzw. immer wieder verändern: wobei meist deutlich zu erkennen ist (wenn man nämlich den jeweiligen Kontext beachtet), welche gesellschaftliche Veränderungen sich dazu vollziehen.

Der Minnesänger »Frauenlob« und die Wörter für »Frau«

So wurde z.B. Heinrich III. Markgraf von Meißen (ca. 1255–1318) als Minnesänger unter dem Namen »Frauenlob« berühmt, weil er sich immer wieder für die Bezeichnung »Frau« = Herrin (wie im frz. »dame« aus dem lat. domina) einsetzte, das die Bezeichnung »Weib« ersetzen sollte (und das ja auch tat). Denn er wollte die damalige feudale Gesellschaftsordnung mit ihren Lehens- und Abhängigkeitsverhältnissen im Zuge des nach dem 3. Kreuzzug auch nach Deutschland eindringenden provençalischen Troubadoursgesangs jetzt auch auf die Gefühle zwischen »Mann und Weib« übertragen, sodaß der ansingende Mann sich immer als Untergebener der angesungenen »Herrin = Frau« und in ihrer Dienstbarkeit zu betrachten hatte.

Natürlich muß man sich fragen, ob Heinrich von Meißen als Minnesänger »Frauenlob« wirklich wußte, was die Wörter bedeuteten; woher sie kamen, kann er kaum gewußt haben. *Weib* gibt es nur in german. Sprachen (z.B. anord. *vif*, engl. *wife*) und wird auf ahd. *webên* zurückgeführt = geschäftig sein (in der Zeit der Jäger und Krieger Haus und Feld zu besorgen, da die Männer ihr, der »Geschäftigen«, alle Haus- und Feldarbeit überließen; nach Tacitus »Germania«: delegata domus et penatium et agrorum cura feminis = Haus und Hauswesen und Feldarbeit der Sorge der Frauen überließen); es bedeutet also etwa »die Geschäftige« und war wohl zu seiner Zeit abgesunken zu einem pejorativen »Arbeitsmagd« o.ä.,

Die *Frau* hingegen geht auf ein uraltes idg. *prouo* zurück = vorwärts geneigt, *prouion* = Herr, Herrschaft (daher wohl auch lat. *provincia* = Provinz, Herrschaftsbereich); ahd. *fro* = Herr, wozu dann *frowa* = Herrin (»Frau«) trat, aisl. *freyja* = Herrin (zugleich auch als Name der Göttin gebraucht).

Die *Dame* geht auf idg. *dem-* = bauen zurück, woraus lat. *domus* wurde = Gebäude, Haus, bzw. *dominus* = Hausherr, *domina* = Hausherrin und daraus eben *dame* (was im 17. Jh. absank zu Maitresse, Geliebte, sich dann aber im 18. Jh. als *Dame* in Adels-, Hof- und Bürgerkreisen wieder verfestigte).

Das lat. *femina* = die Weibliche, »die Frau« als »die Säugende« geht auf idg. *dhe(i)-* zurück = saugen, säugen, woraus griech. u.a. *titdé* = Kurzform zu »Amme« wurde (und dt. »Titte« = weibl. Brust zum säugen bzw. saugen); und aus lat. *femina* wurden dann all die roman. Begriffe wie frz. *femme*, rumän. *femei* usw.

Am weitesten im Idg. aber ist wohl das Wort *guena* = Weib, Frau verbreitet, woraus im griech. *gyne* wurde, im ahd. *gino, gens, guena* (engl. *queen* = Herrin, Königin). Wurzel ist idg. *gen-, gne-, gnô-* = erzeugen (lat. *genitalis* = zur Zeugung gehörend), griech. *genos*, lat. *genus* = das Geschlecht, lat. *genius* = der Schutzgeist (des Mannes, bzw. urspr. seine personifizierte Zeugungskraft), aind. *jánati* = erzeugt, gebiert, lat. *natus* = geboren, der Sohn, ahd. *knuot* = Geschlecht, griech. *geneté* = Geburt, lat. *genetrix* = die Gebärerin, die Mutter.

Wie im Griechischen *gyne* = Frau, Ehefrau, Weib (= Geschäftige) wurde aus dem idg. *guena* das slaw. *žena* (bulg., russ., tsch.) und *žona* (poln.), im Russ. *ženschtschina* = Frau, Weib (aber *žena* = Ehefrau).

Ganz anderen Ursprungs ist lat. *mulier* = die Frau, die Weibliche als Komparativ zu *mollis* = weich, geschmeidig, biegsam, also etwa im Sinn »die Zarte« aus idg. *mldn-is* (»die Milde«, »die Anschmiegsame«), woraus u.a. das span. *mujer* wurde.

Die lat. Formel *mulier inclinata* = die gebeugte Weibliche wurde im 9. Jh. ins ahd. als *crumba uuif* = »krummes Weib« übertragen, womit der Abstieg der »Geschäftigen« zur »Dienstmagd« bereits begonnen hatte.

Aus all dem läßt sich ablesen, daß die Bezeichnungen in den indogermanischen Sprachen aus zwei Bereiche im Neolithikum stammen: aus dem Gebären und aus dem Säugen, dem Ernähren. Doch dieser Zusammenhang bzw. diese Bedeutung war natürlich auch anderen, nichtindogermanischen Völkern bewusst. Als Beispiel soll hier nur noch das Chinesische angeführt sein: Im 3. Jt. aCn soll in Nordchina im Südteil der heutigen Provinz Shansi das *Königreich der Hsia* entstanden sein, das bis ca. 1600 aCn bestand.

Um 1600 aCn wurden die Hsia gestürzt und von dem *Königreich der Yin* abgelöst, die in An-yang in Nord-Honan residierten, bis sie ca. 1100 aCn ihrerseits gestürzt wurden.

Ihnen folgte das Königreich der Chou.

Die abgebildeten Ideogramme entstammen Orakelknochen; B, F, J sind Formen der Chou-Zeit; C, G, K der Blockschrift im 14. Jh. pCn.

137

Das Ideogramm A wird heute *ch'ü* ausgesprochen und bedeutet »ein Mann nimmt sich eine Frau«. Es besteht aus 2 Teilen: links das Graphem »Frau«, rechts das Graphem »nehmen« aus einer Hand, die ein Ohr ergreift. Man kann daraus entweder schließen, daß der Mann die Frau beim Ohr ergreift, und dann alle möglichen soziologischen Rückschlüsse aus solchem *macho*-Verhalten ziehen. Oder man kann lediglich den phonetischen Wert nehmen und das Ideogramm lesen als »der Akt, eine Frau zu heiraten, den man *ch'ü* nennt«. B ist dasselbe Ideogramm in der Schreibweise der Chou-Zeit, C in der Blockschrift des 14. Jh.s pCn.

Das Ideogramm D = *nü* bedeutet »Frau«, wie die überproportionalen Brüste zeigen; daß es sich um »Brüste« handelt und nicht etwa um Arme im Ärmel, zeigt das Ideogramm E = *mu* in der Bedeutung »Mutter« – gekennzeichnet durch die beiden Nippel bzw. Brustwarzen.

Die Grapheme H und I werden heute als *nan* = »Mann« gesprochen und zeigen links als »Quadrat« ein Stück Land, rechts als »Pflug« die Bearbeitung des Ackers, fassen den »Mann« also vor allem als den »Bearbeiter des Landes« und damit den »Ernährer der Familie« auf.

Hingegen die »Frau« vor allem als »Nahrungsspenderin«, als »Nährmutter«. Also insgesamt Bilder einer Gedankenwelt, die sich aufs Matriarchat beziehen.

Man kann übrigens mühelos in die dem Indogermanischen noch weit zurück vorzuschaltende Sprachschicht des Nostratischen hineinspekulieren, indem man die dort rekonstruierten Begriffe des Begriffsfeldes »herausragen, hervorspringen, der Vorderste sein« zugrunde legt und sich die Begriffe zu »säugen, Brust, Euter« usw. genauer betrachtet. Daraus wird man schließen dürfen, daß das nostratische Urwort *ˣmun-/ˣmon-/ˣmen-* nicht nur als Wurzel des Stadtnamens *Mün*chen (= Ort auf dem Hochufer) diente, sondern eben auch im Nostratischen wohl Begriffe für »die Säugende« (im Sinne von »Frau« ergeben hat. (Dazu im Einzelnen im Band »Kunde deutschsprachiger Ortsnamen ...« S. 85–88).

Die Hexe

Zu diesem Begriff führt das »Handbuch des deutschen Aberglaubens« (Berlin, 1931 in 10 Bänden) in Band III die 90 Spalten 1827–1919 an. Darin wird der Begriff »Hexe« auf ein ahd. *hagazussa* zurückgeführt, aus *hag* = Zaun (zu *hagan* = Dornengestrüpp, von Dornengestrüpp Umhegtes)

+ *zussa* = Weib, zusammen also etwa = Zaunweib (im Sinne des anord. *tunritha*, niederdt. *walrîderske* = Zaunreiterin).

Mit »Zaunweib« oder »Zaunreiterin« bezeichnete man in der alten Welt der naturmagischen Anschauungen ein dämonisches Wesen, das auf dem Zaun hockt und über Acker und Wiese, Garten und Vieh Unheil bringt. Es handelt sich um ein synkretistisches Wesen, in dem allerlei abergläubische Gestalten zusammengeflossen sind, die seit der Antike als Einzelwesen bzw. Dämoninnen bekannt sind, u.a. die *Lamiae* = die Kinderraubenden, *Striges* = Vorfahren der späteren Vampirinnen, *Herbariae* = Kräuterfrauen, *Venenatae* = Giftmischerinnen, *Tempestarii* = Wettermacherinnen usw.

Das alles deutet darauf hin, daß man es hier mit den bösen Varianten guter »Naturgeister« zu tun hat, deren Anbeterinnen etwa durch Wald- und Feldkräuter zu heilen wußten (»Kräuterfrauen«) und Frauen bei der Geburt halfen (»weise Frauen«). Es handelte sich also wohl um kleinere Naturgeister wie Wald-, Baum-, Quellnymphen, -elfen, -geister usw. Es waren demnach Geister aus dem weiten Gebiet der Magna Mater, der »Großen Göttin«, der Erdgöttin, der Spenderin allen Lebens.

In das westgerman. Wort drangen dann auch die Bedeutungen des german. *tusjo* = Teufel, wie westfäl. *dus* (später auch »Ei der Daus!«) ein, norw. *tysja* = Elfe, gall. *dusius* = unreiner Geist, lit. *dvasià* = Geist ein.

Die Kirche mußte sich später natürlich wegen des starken »Hexen«-Glaubens (des Glaubens an die »kleineren« Naturgeister weibl. Charakters) intensiv mit den *Hexen* beschäftigen. Dabei wurden sie im Bereich der Dämonologie verortet und aller möglichen Taten mithilfe der Zauberei beschuldigt (so kennt das Frz. praktisch nur die *sorcière* = Zauberin). AUGUSTINUS formulierte die ersten Grundsätze, die später etwa ALBERTUS MAGNUS, THOMAS VON AQUIN, BONAVENTURA ausbauten. Es entstand die Überzeugung vom Dämonenpakt, der notwendigerweise vor allem dämonischen oder »schwarzzauberischen« Tun von den »Hexen« bzw. »Hexern« einzugehen war.

Damit aber war man im Bereich der Häresie angekommen. Die Vorstellung, daß Hexerei ein Teil der Häresie (also des »Gegen-Glaubens«) sei und daher von der Kirche wie vom Staat (die man als die beiden unterschiedlichen Formen des einen Gedankens: alles habe im Namen Gottes zu geschehen, ansah) zu bekämpfen.

Zwischen etwa 400 und 1230 breitete sich diese Überzeugung nur langsam aus. Zwar kannten die meisten germanischen Volksrechte einschlägige Gesetze und Vorschriften, doch nicht sehr tiefgreifend und gewichtig). Aber bis ins 13. Jh. wiesen zahlreiche kirchliche Texte (wie der *Canon episcopi*) die Existenz von Hexen, Dämonenbuhlerei, Hexenflug und Verwandlung in Tiere schlicht zurück.

Doch dann siegte in der Folge der päpstlichen Ketzergerichte langsam der Glaube an die Realität der Dämonenwelt. Die Kirche forderte vom weltlichen Arm die Bestrafung der der »Ketzerei« subsumierten »Hexerei«. Als erstes weltliches Gesetzbuch kommt dem der »Sachsenspiegel« nach.

In der 2. Phase 1230–1430 wird der Dämonen- und Zauberglaube in der Scholastik »wissenschaftlich« verfestigt. Ein eigener Begriff für die Hexerei als Verbrechen wird entwickelt, das *maleficium*. Da das Bündnis mit dem Teufel den Abfall von Gott und seiner Kirche voraussetzte, mußten sich ab sofort die Ketzergerichte der *Inquisition* (= Befragung) mit dem Thema befassen. Der »Sachsenspiegel« hatte auf Zauberei den Feuertod erkannt, der sich in der Folge zur Strafe für *maleficia*, also »Verbrechen des Hexens«, entwickelte.

In der 3. Phase 1430–1540 fanden die eigentlichen großangelegten systematischen Hexenverfolgungen statt. Das grausame und unmenschliche Vorgehen gegen die Hexerei wurde 1484 durch die Bulle »Summis desiderantes affectibus« des Papstes INNOZENZ III. eingeleitet. Darin befahl er den Dominikanern H. INSTITORIS und J. SPRENGER die kanonische Inquisition und Bestrafung von Hexen und Zauberern. Alle dem entgegenstehenden Bestimmungen des Kirchenrechts wurden aufgehoben. 1487 verfaßten SPRENGER und INSTITORIS den »Hexenhammer« *malleus maleficarum*, der als kasuistischer Kommentar zu der Bulle den Hexenrichtern alle Möglichkeiten der Überführung und dementsprechenden Bestrafung an die Hand gab.

In der 4. Phase fanden zwischen 1590 und 1630 die Hexenprozesse ihren Höhepunkt. Bedeutende Juristen beschäftigten sich mit dem »richtigen« juristischen Vorgehen. Genaue Zahlen sind unbekannt, doch schätzt man, daß mindestens 40 000 Frauen als »Hexen« und rund 10 000 Männer als »Zauberer« verbrannt wurden. Der letzte Hexenprozeß fand 1793 in Posen statt.

In der 5. Phase standen dann Mäner gegen den verbrecherischen Unfug der Hexenprozesse auf. Erste vorsichtige und partielle Kritik hatte bereits im Spätmittelalter A. DONELDEY 1382 geäußert. 1563 erklärte der Arzt J. WEYER in »De praestigiis daemonum« vorgebliche Hexen als geisteskrank. 1631 veröffentlichte der Jesuit und bedeutende Barockdichter

FRIEDRICH VON SPEE seine »Cautio criminalis contra sagas«, in der er die Unmenschlichkeit und Rechtswidrigkeit des Verfahrens aufweist und die Konsequenzen des Hexenglaubens aufzeigt. Und 1701 kritisierte der Jurist CH. THOMASIUS aufs Schärfste die Pakttheorie und das Hexengerichtsverfahren mit der Manipulierbarkeit all seiner Indizien, die man als »Beweise« wertete.

Ein ganz bedeutendes Element »für die Verurteilung« spielte auch die Tatsache, daß aller Besitz einer der Hexerei angeklagten Person (als »Anklage« galt bereits eine Denunziation), sobald das (praktisch immer auf »Schuldig!« lautende) Urteil gesprochen war, dem Hexenrichter zufiel. Eine besonders berüchtigte Rolle in dieser Hinsicht spielte der Bruder des berühmten China-Missionars ADAM SCHALL VON BELL, der vom Familiensitz in der Voreifel aus ein riesiges Vermögen aus dem Besitz der Verurteilten anhäufte.

All diese Materialien aber lassen erkennen, daß die Menschheit im Laufe der Jahrtausende aus den gleichen Naturphänomenen die nämlichen Schlüsse zog, die dann durch die unterschiedlichen Kulturen in die unterschiedlichsten Bewertungen umgegossen wurden, während die Naturphänomene unverändert gleich blieben.

Quellen: Grimms Deutsches Wörterbuch in 33 Bänden, Kluges Etymologisches Wörterbuch, Pauls Deutsches Wörterbuch, der Große Duden, Meyers Enzyklopädisches Lexikon in 25 Bänden

DAS SCHLUßWORT VON MENCKEN

Aus allem Gesagten geht nun schließlich ziemlich eindeutig hervor, daß der aus Oldenburg stammende US-Amerikaner und Publizist HENRY LOUIS MENCKEN durchaus Recht hatte, wenn er in seinen »Vorurteilen« (nach 1925 in 6 Bänden gesammelt erschienen; knappe Auswahl auf Deutsch »Gesammelte Vorurteile«, Insel Verlag, 2000) feststellt: »Die Männer neigen dazu, wie jeder weiß, den Frauen jede intellektuelle Überlegenheit abzusprechen: ihr Egoismus verlangt das einfach von ihnen, und sie sind selten bereit, darüber nachzudenken, welche logischen oder sonstigen Beweise sie für diese Haltung ins Feld führen könnten.« (S. 38)

»Intuition? Unsinn! Frauen sind in Wahrheit die größten Realisten der menschlichen Rasse. Scheinbar unlogisch, besitzen sie vielmehr eine seltene und subtile Super-Logik. Scheinbar wankelmütig, klammern sie sich an die Wahrheit mit einer Hartnäckigkeit, der dieses schwammige, chamäleonhafte Phänomen nicht entrinnen kann. Scheinbar unaufmerksam und leicht zu hintergehen, blicken sie mit hellen, untrüglichen Augen in die Welt. ... Es gibt gelegentlich wohl auch Männer, die diese Art von erbarmungslosem Durchblick besitzen – Männer mit einer besonderen Begabung für Logik, sardonische Männer, Zyniker.« (S. 40)

»Frauen sind im Allgemeinen viel zu realistisch, Respekt vor sogenannten Ideen zu empfinden.« (S. 46).

Und 1918 veröffentlichte er »In Defense of Women« ein burleskes Pamphlet, in dem er behauptete, er könne beweisen, daß Frauen von Natur aus intelligenter seien als Männer. »Frauen weigern sich nämlich, jene erbärmlichen Banalitäten ernst zu nehmen, die den Lebensinhalt der meisten Männer ausmachen; ihre subtile Intelligenz verbietet es ihnen, den sinnlosen Tätigkeiten der Männer Bedeutung zuzumessen.«

Denn, wie IVANA WINKLEROVÁ 1995 im Weinkeller zu Leitmeritz/Litoměřice feststellte: »Eine jegliche Wahrheit hängt von ihrer Definition ab.«

Das aber macht zugleich auch verständlich, wie etwa die katholische Kirche gegen den Wortlaut der Evangelien JESU eindeutige Lehre von der gleichberechtigten Partnerschaft von Männern und Frauen zu der gewaltsamen patriarchalischen Vormacht der Herren über die Weiber umgedeutet hat.

ÜBER DIE FARBIGKEIT DER ANTIKE

JOHANN JOACHIM WINCKELMANN, der 1717 in Stendal geboren und 1768 in Triest ermordet wurde, wurde als Archäologe und Kunstgelehrter 1764 mit seinem Hauptwerk »Geschichte der Kunst des Altertums« zum Begründer der Archäologie als Wissenschaft. Darin vertrat er einen Gedanken, den er bereits 1755 in »Gedanken über die Nachahmung der griechischen Werke« geäußert hatte und der das Schönheitsideal der deutschen Klassik bestimmen sollte: »Das allgemeine vorzügliche Kennzeichen der Griechischen Meisterstücke ist endlich eine edle Einfalt und stille Größe, in Stellung und Ausdruck.«

Zu dieser Auffassung war WINCKELMANN vor allem dadurch gekommen, daß er bis dahin lediglich solche griechische Skulpturen bzw. deren römische Kopieen zu sehen bekommen hatte, die farblos ausgegraben worden waren: weil ihnen die Erde in mehr als anderthalb Jahrtausenden alle Farbigkeit abgenagt hatte. Inzwischen weiß man längst, daß die These von der »edlen Einfalt, stillen Größe« der griechischen Antike genauso falsch ist, wie sie als Schönheitsideal der deutschen Klassik fruchtbar wurde. Und daß man sich die Skulpturen der Antike vielmehr in bonbonbunten Farben unter der glühenden Sonne des Mittelmeerraumes vorstellen muß.

Diese farbige Welt also kam bunt in die Erde, aus der die Archäologen sie weiß wie Alabaster wieder ausgruben. Und doch weist eine große Anzahl dieser Fundstücke so viel Farbreste auf, daß man heute zu Recht behaupten kann: beispielsweise der spät-archaische Aphaia-Tempel auf Ägina habe ursprünglich kein Fleckchen Marmor unbemalt gezeigt. Zwar kann heute noch niemand sagen, wann solche Bemalungen eingesetzt haben, doch dürften sie weit ins Neolithikum zurückreichen. Farbexperten der Münchner Glyptothek konnten inzwischen aus den Farbresten an Stücken aus jenem Tempel deren Farbigkeit aus den Naturpigmenten Azuritblau, Malachitgrün, Zinnoberrot und Ocker rekonstruieren.

1. ANTIKE TEXTE

CHRISTIAN WALZ schreib 1853 »Über die Polychromie der antiken Sculptur« u.a.: »Wenn irgend auf dem friedlichen Gebiete der Archäologie eine

---

vgl. zu diesem Kapitel die Abbildungen S. 153 ff.

revolutionäre Frage aufgetaucht ist, so ist es diese; aber der conservative Sinn der Philologen und Archäologen hat dafür gesorgt, daß die Lösung nicht übereilt worden ist.«

Und VINZENZ BRINKMANN 2003 in seiner »Einführung in die Ausstellung: Die Erforschung der Farbigkeit antiker Skulptur« (16. XII. 2003 bis 5.IX. 2004): »Die Bildhauer der Neuzeit bezogen wichtige Anregungen aus der antiken Kunst. Aus der Unkenntnis der antiken Polychromie haben sie sich zu einem Novum durchgerungen, das offensichtlich als eine Weltpremiere anzusehen ist: Die ungefasste Skulptur. So sind es immer noch die marmorweißen Werke Michelangelos und Canovas, welche die Sehgewohnheiten des gebildeten Europäers bestimmen. Hierdurch geprägt, fällt es uns heute noch schwer, eine antike Marmorfigur in ihrem farbigen Gewand zu imaginieren.« [Und das, obwohl gerade Canova gegen Ende seiner Laufbahn sogar mit farbig gefaßten Arbeiten zu experimentieren begann.] Und dann:

»Auch die antiken Schriftsteller berichten von der Bemalung der Skulptur. Eindeutige Hinweise wurden aber so ungenau übersetzt, daß dabei deren Sinn entstellt wurde. Die Übersetzung des Begriffes *graphta andreia* (= bemalte Statuen) als ›Gemälde‹ zeigt die Parteinahme einzelner Philologen im Polychromiestreit.«

OLIVER PRIMAVESI nimmt sich in seinem Beitrag »Farbige Plastik in der antiken Literatur? Vorschläge für eine differenzierte Lesung« die bisherigen Übersetzungen der (noch) ungezählten Stellen in der griechischen bzw. römischen antiken Literatur vor, die durch solche Fehlleistungen sei es der Übersetzer, sei es der beratenden Philologen bisher ungenau bzw. geradezu falsch übersetzt wurden. Als Anfang der moderneren Diskussion um die ursprüngliche Farbigkeit antiker Plastik sieht er »Le Jupiter Olympien«. Mit diesem Werk habe ANTOINE CHRYSOSTOME QUATREMÈRE-DE-QUINCY im »Epochenjahr« 1814 die ganze Diskussion in Gang gebracht.

In den folgenden 11 Auszügen aus antiken Texten, die er neu übersetzt und deren alte Übersetzungsfehler er ausführlich diskutiert, gibt er ein deutliches Bild von der Vielfarbigkeit der antiken Kunstwerke, und von der Bedeutung, die ihr die alten Autoren zumaßen.

1. EURIPIDES (geb. nach 490 aCn, gest. 406 aCn in Makedonien) schrieb in seiner »Helena 260–263 u.a.:
   HELENA: »Ein Schreckbild ist mein Leben und meine Schicksale:
   Zum einen wegen Hera, zum anderen ist meine Schönheit schuld.

Wenn ich doch nur, *wieder ausgewischt* wie ein *Standbild*, anstelle meiner Schönheit eine hässlichere Gestalt annehmen könnte!«

Wenn HELENA den Gegenstand, an dem sie das Wieder-Auswischen imaginiere, als *ágalma* bezeichnet, was im Allgemeinen »(Götter)standbild« bedeutet, dann muß das *ágalma* in seiner vorherigen Schönheit durch das Auswischbare entscheidend bestimmt worden sein, denn sonst könnte es durch das Auswischen nicht signifikant häßlicher werden. Ein solches einerseits entscheidendes, andererseits auswischbares Element könnte aber nur die farbige Bemalung sein.

Wenn man aber – wie oft geschehen – in der Übersetzung an der Stelle »(Götter)standbild« für *ágalma* den nur einmal belegten Sonderausdruck »Gemälde« setzt: dann versucht man damit nur, der Bedeutung dieser Stelle für die Frage polychromierter Plastik auszuweichen.

2. EURIPIDES in »Hypsipyle« (in Tragicorum Graecorum Fragmenta 5): THOAS zu seinem Bruder EUNEOS: »Sieh doch! Streng' Dich an, Deinen Blick senkrecht nach oben zu wenden,
und betrachte die *bemalten Skulpturen* im Giebelfeld!«

Ein neuer Papyrusfund bestätigt die Richtigkeit der Übersetzung von »prósblephon typous« als bemalte Skulpturen, in dem von DAIDALOS gesagt wird, daß er die frommen Weihungen *agálmata* mittels der plastisch ausgearbeiteten *typoi* seiner Kunst als lebende Wesen schuf. Denn die rundplastische Ausarbeitung der *typoi* ließ den Ortsfremden sofort den hohen Rang des Hausbesitzers durch den Glanz des Bauschmucks erkennen.

3. PLATON (geb. ca. 428 aCn wohl in Athen, gest. 348 aCn in Athen) ließ in seinem »Der Staat« IV, 420 c–d den SOKRATES dem ADEIMANTOS erläutern, daß das Ziel seines Staatsmodells nicht das Glück der Einzelnen, sondern das des Staates im Ganzen sei, und den Unterschied wie folgt erklären:
»Wenn wir nun dabei wären, ein *Standbild zu bemalen*, und es käme jemand hinzu und tadelte uns, daß wir den schönsten Teilen der Figur nicht auch die schönsten *Farben* applizierten – denn die Augen, die doch das Schönste seien, seien nicht mit Purpur *bestrichen*, sondern mit Schwarz –, dann würden wir meinen, uns passend gegen ihn zu verteidigen, wenn wir sagten: ›Du komischer

Kauz! Glaube nicht, wir müßten die Augen so *schön malen*, daß sie gar nicht als Augen erscheinen, und ebenso die übrigen Teile! Achte lieber darauf, ob wir jedem Teil das geben, was ihm zukommt, und so das Ganze schön gestalten‹.«

Daß PLATON hier mit dem Verb *graphein* die Tätigkeit des »Malens« bezeichnen wollte, wird durch die Erwähnung der Farben außer Frage gestellt. Und das Wort *andriás* (wörtlich etwa »Mannsbild«) ist bei ihm eindeutig auf die Bedeutung »Standbild« festgelegt. Damit bleibt der Übersetzung für *andriánta gráphotas* nur die Möglichkeit »ein Standbild bemalen« übrig.

Und dem Kontrast zwischen der sinnvollen Vorschrift des SOKRATES einer spartanischen Lebensform für die Wächter (die der angestrebten Lebensform des gesamten Staates am besten diene) und der verfehlten Forderung des ADEIMANTOS, sie materiell besser zu stellen, entspricht im Beispiel der Kontrast zwischen der angemessenen Farbwahl für die Augen (nämlich »Schwarz«) und der Absurdität des Gegenvorschlags (»Purpur«).

Das für die Argumentation entscheidende Plausibilitätsgefälle kann aber nur dann entstehen, wenn das Bemalen einer Statue mit möglichst realistischen Farben üblich, die unrealistische Bemalung oder das Belassen der Statue ohne Farbfassung aber unüblich wäre.

4. CHAIREMON (Dramatiker, Mitte des 4. Jh.s aCn) in »Alphesiboia« (in Tragicorum Graecorum Fragmenta Vol 1, ²1986, S. 216): ALKMAION, der seine Mutter umgebracht hat, da diese seinen Vater wegen eines Halsbandes ins Verderben stürzte, floh laut PAUSANIAS aus Argos nach Arkadien, wo er die Königstochter ALPHESIBOIA heiratet, der er das Halsband schenkt, das er dann aber in Akarnanien seiner neuen Geliebten, der schönen Nymphe KALLIRHOE auf deren Begehren weiterschenken will; als er das Halsband von ALPHESIBOIA unter einem Vorwand herauslocken will, läßt deren Vater PHEGEUS ihn erschlagen. APOLLODOR erwähnt in einer Parallelfassung des Mythos das Detail, nach dem der Diener des ALKMEION die wirkliche Absicht verriet, die hinter der Rückforderung des Halsbandes steckte, als er erzählt, wie ALKMEION den Reizen der KALLIRHOE erlag:

»Und er betrachtete die von ihrem Körper dargebotenen
Ansichten, die aufgrund ihres weißen Teints glänzten und sich
heraushoben. Doch Scham modulierte dazu ein ganz zartes
Erröten und legte es auf die leuchtende Farbe.
Die Haare aber, *wachsblond* wie die eines *Standbildes*,

das samt den Locken plastisch ausgearbeitet ist,
bewegten sich froh im Windesrauschen.«

Wichtig ist hier die Darstellung der Haare, die zunächst als »wachsfarben« *keróchrotes* bezeichnet werden, dann mit denen eines »Standbildes« *ágalma* verglichen, dessen Locken plastisch ausgearbeitet sind, und schließlich in ihrem anmutigen, vom Winde hervorgerufenen Bewegungszustand, geschildert. Woraus erhellt, daß das »wachsfarben« *keróchrotes* für die Haares des Standbildes genauer als »wachsblond« übertragen werden muß.

5. PERSES (vor dem Ende des 2. Jh.s aCn) stellt in seinem Epigramm VII fest:
»Arme Mnasylle: Warum hast noch auf dem Grab
Du, die Du Deine Tochter beweinst, dieses *bemalte Relief*
Der Neutima? Ihr haben einst das Leben entrissen
Die Wehen. Sie liegt da, wie an den Augen
Vom Todesnebel bedeckt, im Arm der eigenen Mutter.
Weh! Nicht weit davon hat sich Aristoteles, ihr Vater,
mit der Rechten das Haupt geschlagen, und Ihr Unglücklichen:
Nicht einmal im Tod habt Ihr Eure Leiden vergessen.«

Angesichts der bereits vorgeführten Belege gibt es keinen Grund, *graphtos typos* als »Gemälde« zu verstehen, statt richtig als »Relief«, womit sich das Epigramm als Beschreibung eines polychromen Grab*reliefs* der hellenistischen Zeit zu erkennen gibt.

6. VERGIL (70 aCn als PUBLIUS VERGILIUS MARO bei Mantua geb., 19 aCn in Brindisi gest., gilt als größter Epiker der röm. Literatur) schrieb in seiner 7. Ekloge (= Hirtengedicht) 29–32 über den Ziegenhirten CORYDON, der als Jäger MICON der Jagdgöttin DIANA einen Teil seiner Jagdbeute darbringt und für den Fall weiteren Jagdglücks ein Marmorstandbild weihen will, dessen Wiedergabe der Göttin purpurrote Jagdstiefel zeigen soll:
»Dieses Haupt eines borstigen Ebers (weiht) Dir, Diana, der kleine Micon, sowie das verzweigte Geweih eines lang lebenden Hirsches. Wenn es nicht bei diesem einen Erfolg bleibt, wirst Du ganz aus glattem *Marmor*
Dastehen, die Waden mit einem *purpurroten Jagdstiefel* umhüllt.«

7. à la VERGIL »Catalepton 17« (aus einer Epigramm-Sammlung des »Appendix Vergiliana«, Dichtungen, deren Authentizität bezweifelt wird): der Sprecher ruft die Göttin VENUS (= APHRODITE) an und gelobt ihr für den Fall des Gelingens seiner Dichtung »Aeneis« (des röm. Nationalepos) nicht nur Weihrauch und ein Tafelbild, sondern einen Widder, einen Stier, sowie ein marmornes bzw. bemaltes Bild ihres geflügelten Sohnes EROS, wobei das Tafelbild zu den geringwertigen Gaben gerechnet wird, die EROS-Darstellung aber zu den kostbaren:

»Wenn es mir zuteil wird, das begonnene Werk zu vollenden,
o, die Du Paphos und die Sitze von Idalion bewohnst,
so daß der Troer Aeneas endlich durch Römische Städte zieht,
von einem würdigen Gedicht gemeinsam mit Dir geleitet,
dann werde ich nicht nur mit Weihrauch oder mit einem gemalten Bild
Deine Tempel schmücken und mit reinen Händen Kränze bringen:
Ein gehörnter Widder und ein Stier als größtes Opfer soll diese schlichten,
doch geheiligten Herde mit der Ehrengabe (d.h. mit dem Opferblut) benetzen;
und *aus Marmor, oder in tausend Farben* geflügelt
mit seinem *wie üblich gemalten* Köcher, wird Amor dastehen.
Komm herbei, Cytherea: Dein Caesar ruft Dich vom Olymp
Und Dein Altar am Strand von Sorrent.«

Der ganze Text ist als Flickgedicht (lat. *Cento*) aus lauter VERGIL-Zitaten anzusehen, in dem der Marmor auffällig von den Farben durch *aut* getrennt auftritt, durch ein disjunktives »entweder ... oder«. Doch könnte auch dann die Elegie nicht als unabhängiger Beleg für polychrome Plastik gelten.

8. PLINIUS d.Ä. (ca. 23 pCn als CAIUS PLINIUS SECUNDUS geb., 79 pCn beim Ausbruch des Vesuv ums Leben gekommen; stellte aus 327 griech. und 146 röm. Autoren insgesamt 37 Bücher über das Gesamtgebiet der Naturforschung zusammen) »Naturalis historia« 35, 133; er illustriert den Rang des Malers NIKIAS aus Athen mit einer Künstleranekdote, die auf desen Zusammenarbeit mit dem berühmten Bildhauer PRAXITELES zurückgeht:

»Dies ist jener Nikias, von dem Praxiteles, auf die Frage, welche seiner Werke unter den *Marmorskulpturen* ihm am besten gefielen, sagte: diejenigen, an die Nikias Hand angelegt habe. Soviel gab er auf dessen *Anstrich*. Es ist nicht hinreichend klar, ob es dieser oder ein Namensvetter von ihm ist, den einige in die 112. Olympiade [332–329 v. Chr.] setzen.«

Der Beitrag des NIKIAS durch »Handanlegung« kann kaum in etwas anderem bestanden haben, als eben in der Bemalung (d.h. Fassung) der Marmorskulptur. Demnach sah PRAXITELES die Gesamtwirkung einer farbigen Skulptur für höher an, als die der »rohen«, also ungefaßten. Erst bei diesem Verständnis der Stelle entsteht das für diese Textgattung typische Paradoxon.

Und seit je gilt diese Künstleranekdote des PLINIUS als einer der wichtigsten Texte in der Debatte um die Polychromie wegen der Bedeutung der beteiligten Künstler und der Klarheit der Aussage.

9. PLUTARCH (der berühmte Biograph, Philosoph und Priester des Heiligtums in Delphi wurde ca. 50 pCn in Chaironeia geb. und lebte bis nach 120 pCn) »De Gloria Atheniensium« 6, 348 E: er stellt sich bei einem Vergleich zwischen dem kulturellen und dem militärischen Ruhm Athens einerseits den Aufzug der Generäle vor, andererseits den der tragischen Dichter und der Schauspieler der Tragödie:
»Mit ihnen [d.h. mit den tragischen Dichtern] sollen auch die tragischen Schauspieler ... ziehen, wie Putzmacher und Sesselträger der reichen Dame Tragödie oder besser noch als ein Gefolge von der Art, wie es *Wachsmaler, Vergolder* und *Färber von Götterstandbildern* sind.«

Die Stelle belegt überdeutlich, daß »Bemaler, Vergolder, Färber von Götterstandbildern« einerseits als fester Berufsstand mit Schauspielern verglichen werden, und andererseits ihre Tätigkeit als etwas völlig Normales, Übliches, Etabliertes betrachtet wird.

Insofern stellt diese kulturgeschichtliche Retrospektive des PLUTARCH eine sinnvolle Ergänzung der NIKIAS-Anekdote bei PLINIUS dar und macht deutlich, daß die dort erzählte Heranziehung eines berühmten Tafelmalers ein Ausnahmefall war.

10. LUKIAN (geb. ca. 120 pCn auf Samosata, satirischer und phantasievoller Literat der 2. Sophistik) »Die Bildwerke *eikónes*« 6–8: er erzählt, wie LYKINOS eine wunderschöne Frau gesehen hat und sie jetzt dem POLYSTRATOS beschreiben will; dazu formt er eine imaginäre Collage aus den Meisterwerken der berühmtesten Bildhauer: der *knidischen*

Aphrodite des PRAXITELES mit der *Aphrodite* des ALKAMENES, der *Athenia Lemnia* und der Amazone des PHEIDIAS mit der *Sosandra* des KALAMIS; POLYSTRATOS aber ist damit noch nicht zufrieden, da das Wichtigste noch fehle – die Farbe:

LYKINOS: »... Was meinst Du, Polystratos? Daß das Bildwerk schön werden wird? POLYSTRATOS: Aber sicher – nämlich dann, wenn es mit wirklicher Sorgfalt vollendet wird. Denn, mein Allerbester, *eine Art der Schönheit* hast Du noch außerhalb des Standbildes zurückgelassen, obwohl Du doch so eifrig alles zu Einem zusammengetragen hast. LYKINIOS: Und das wäre? POLYSTRATOS: Nicht gerade eine Kleinigkeit, mein Lieber! – Es sei denn, Du glaubst, daß Hautfarbe wenig zur Schönheit der Gestalt beiträgt, und das für jeden Teil Passende, so daß alles tiefschwarz ist, was schwarz sein muß, und alles weiß, was so sein muß, und daß eine leichte Röte darauf blüht, und so weiter; mit einem Wort: *Gerade das Wichtigste* dürfte uns noch fehlen. LYKINOS: Aber woher könnten wir auch dies noch beschaffen? Oder sollen wir nicht einfach *die Maler zu Hilfe* rufen, und besonders alle diejenigen unter ihnen, die die Besten im Mischen und im gelungenen Auftragen der Farben gewesen sind? – Also gut!« POLYGNOTOS sei zu Hilfe gerufen, und der berühmte EUPHRANOR und APELLES und AËTION. Diese vier sollen die Arbeit unter sich aufteilen, und EUPHRANOR soll das Haar so färben, wie er das der HERA gemalt hat, und POLYGNOTOS die hübschen Augenbrauen und die Röte der Wangen, wie er für Delphi in der Halle die KASSANDRA geschaffen hat. Er soll auch ein Gewand schaffen, so zart gewebt wie möglich, so daß es zwar überall dort, wo es sich gehört, eng anschließt, an den meisten Stellen aber im Wind flattert. Soweit der Körper aber unbekleidet ist, soll APELLES ihn zeigen – am besten nach dem Vorbild der PANKASTE: »nicht zu weiß, sondern in natürlicher Weise durchblutet. Die Lippen aber soll Aëtion schaffen, wie die der Roxane.«

Da man sich jene lebende Frau von idealer Schönheit, die LYKINOS dem POLYSTRATOS statt einer idealen Skulptur vor Augen führen will, nicht farblos oder bronze- bzw. marmorfarbig vorstellen wird, reicht allein das zur Motivierung des von POLYSTRATOS geltend gemachten Verlangens nach Farbe völlig aus. Doch hat die von ihm geltend gemachte beklagte Farblosigkeit der Erst-Collage textimmanent zunächst nur die Funktion, den folgenden Auftritt der berühmtesten Tafel- und Freskenmaler zu begründen.

Denn LUKIAN will die beiden wichtigsten bildenden Künste: die im

Raum arbeitende Skulptur und die in der Fläche arbeitende Malerei, mit den Mitteln literarischer Imagination überbieten, indem er ihre Hauptvertreter zu einem gemeinsamen Werk zusammenführt.

Insofern kann man aus diesem textstrategischen Mittel keine Aussagen über die außerliterarische Kunst-Wirklichkeit ableiten: weder *pro* noch *contra* der Polychromie.

11. KALLISTRATOS (lebte frühestens um 200 pCn, spätestens nach 324 pCn; von ihm sind nur 14 Prosa-Beschreibungen von Kunstwerken bekannt: 13 Statuen, 1 Gemälde) »Ekphraseis« 2,4 »Auf das Standbild einer Mänade«:

»Ja sie [d.h. die Kunst des Skopas] zeigte auch die Hände der Mänade am Werk – sie [d.h. die Mänade] schüttelte nämlich nicht den dionysischen Thyrsos, sondern sie führte, gleichsam ›Euhoi!‹ rufend, ein abgeschlachtetes Tier mit sich: Anzeichen einer grausameren Form des Wahnsinns. Es handelte sich dabei um eine Darstellung eines Zickleins, deren *Farbe aschfahl* war, denn auch von etwas Totem nahm der Stein die Gestalt an,– und sie [d.h. *die Kunst*] differenzierte das Material, das doch nur *eines* war, in der Weise, daß es *einerseits zur Nachbildung des Todes, andererseits zu der der Lebenden* diente; hat sie [d.h. die Kunst] doch die Mänade als lebendig hingestellt, so als ob sie zum Berg Kithairon strebte, das Zicklein aber als eines, das vom dionysischen Wahn zu Tode gebracht wurde und seine früher scharfen Sinne hatte erlöschen lassen.«

Bei der Deutung dieser Stelle muß man davon ausgehen, daß es die erwähnte Skulptur des SKOPAS wirklich gegeben hat.

Nun ist die sprachliche Beschreibung eines Kunstwerkes in der rhetorischen Ekphrasis ein Medium, in dem die vom Kunstwerk erstrebte Sinnestäuschung des Betrachters in noch höherer Vollendung dargestellt werden kann, als sie in der Wirklichkeit jemals gelingen könnte.

Denn was in Wahrheit steinhart ist, erscheint als weicher Frauenkörper; was in Wahrheit unbewegt ist, erscheint in rasender Bewegung. In dieser systematisch durchgeführten Gegenüberstellung von materialer Realität und ästhetischem Schein steht nun die Farbwirkung der toten Ziege ohne Zweifel auf der Seite des Scheins. Denn in Wahrheit, so KALLISTRATOS, ist es ja ein und derselbe Marmor, der die Tote Ziege als aschfahl, die lebende Mänade als von pulsierender Lebendigkeit erfüllt erscheinen läßt.

Je entschiedener also ekphrastisches Schreiben seinen eigenlichen Gegenstand im literarischen Spiel mit *Illusionswirkungen* findet, desto sorgfältiger ist zwischen dem materialen Objekt und seiner rhetorisch inszenierten Wirkung zu unterscheiden, bevor man den Text kunsthistorisch in Anspruch nehmen darf.

So ließe sich also das Verständnis der Alten von der Farbigkeit antiker Kunstwerke insgesamt grob umschreiben, und ihr Verständnis von deren Wirkungen. Da man aber einerseits bereits im Neolithikum farbige Keramiken usw. kennt, und andererseits die Farbigkeit der Antike wohl aus der des Neolithikums entwickelt wurde, wird man erst dann zu einigermaßen zuverlässigen Deutungen der *Farbigkeit im Neolithikum* vordringen können, wenn ähnliche Arbeiten für die Farbigkeit des Neolithikums geleistet werden, wie hier für die Farbigkeit der Antike geleistet sind.

Bildtafel II

*Farbrekonstruktion München 2003
zur Stele des Aristion, ca. 510 aCn,
Nationalmuseum Athen*

*Bronzere-
konstruktion
einer Apollo-
Statue des
Phidias,
ca. 445 aCn,
Glyptothek
München
1992*

Farbrekonstruktion des Tempels von Ägina, Ausschnitt aus der rechten Hälfte der Front; Farbrekonstruktion durch Charles Garnier, Académie Française 1884

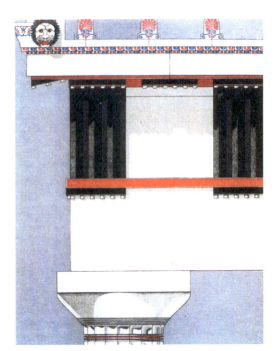

Farbrekonstruktion des Gebälks durch Ernst Fiecher 1906

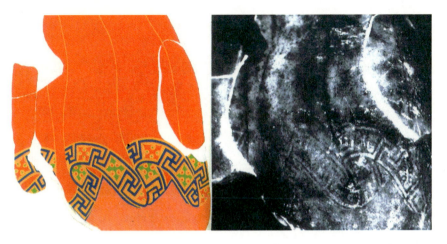

Beckenfragment eines Reiters, ca. 500 aCn, Akropolismuseum Athen
Farbrekonstruktion München 2003

Aufnahme im UV-Licht

Farbrekonstruktion München 2003 Spuren eines gemalten Gewandes im UV-Licht, ca. 510 aCn, Kerameikosmuseum Athen

Figurengruppe aus dem Westgiebel des Aphaia-Tempels in Ägina, ca. 490 aCn; Glyptothek München

Farbrekonstruktion des Bogenschützen, München 2003

Farbrekonstruktion der Athena aus dem Westgiebel des Aphaia-Tempels in Ägina, Glyptothek München 2003

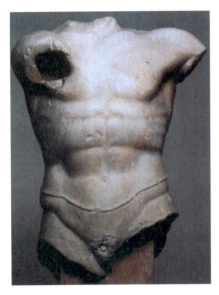 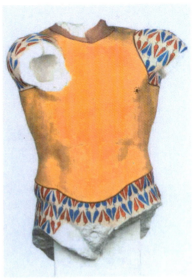

Der sogenannte »Panzertorso« von der Athener Akropolis um ca. 470 aCn und die Farbrekonstruktion München 2003, Akropolismuseum Athen

Löwe aus Loutraki, ca. 550 aCn, Ny Carlsberg Glyptothek, Kopenhagen – und Farbrekonstruktion München 2003

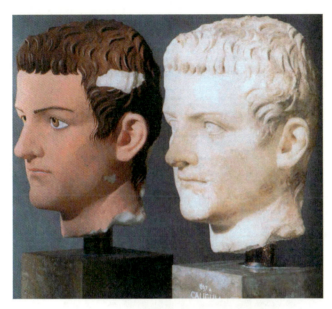

Farbrekonstruktion München 2003 und Original der Kopfbüste des Caligula, Ny Carlsberg Glyptothek, Kopenhagen

Die »kleine Herkulanerin«, Marmor, ca. 120 aCn, Nationalmuseum Athen. Sie entstand in Delos. Die Farbrekonstruktion München 2003

Knabenkopf mit Siegerbinde, ca. 20 pCn, der Münchner Glyptothek; Farbrekonstruktion München 2003

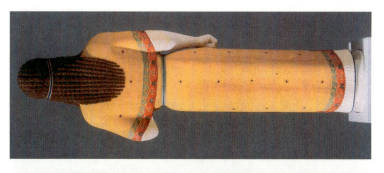

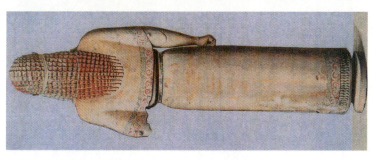
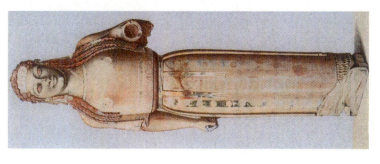

*Peploskore, Akropolis Athen, ca. 520 aCn
Farbrekonstruktion von Emile Gilliéron père (1887)
Farbrekonstruktion München 2003: Mädchen oder Göttin?*

Kriegerkopf mit Helm aus dem Ostgiebel des Tempels in Ägina

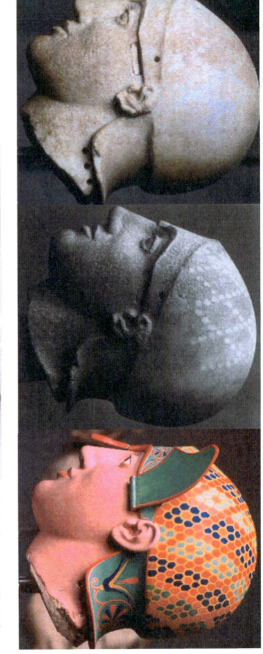

Aufnahme im UV-Licht und Farbrekonstruktion München 2003

Grabstele der Paramythion ca. 370 aCn, die unverheiratet starb. Die Bemalung der Stele soll als »Sparversion« alle Aspekte einer großen Grabanlage darstellen: plastisch ist nur das Gefäß für das Brautwasser Hydrialoutrophoros herausgearbeitet. Auf ihm zeigt sich die Frau Paramythion, durch Handschlag einem Mann Pheidiades verbunden, Glyptothek München 1982.

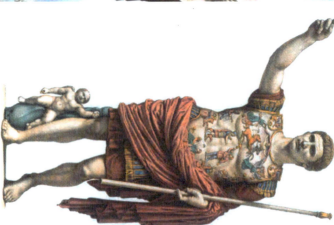
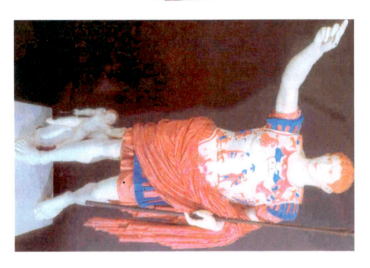

Die Panzerstatue des August von Prima Porta, Vatikanische Museen, Rom Farbrekonstruktion von L. Fenger 1886. Farbrekonstruktion München 2003. Bildteil

2. Die Farbe kehrt zurück

So nennt RAIMUND WÜNSCHE seinen Bericht über die Wiederentdeckung der antiken Farbigkeit, auf die bereits MARTIN VON WAGNER, der Kunstagent des baierischen Königs LUDWIG I., seinen König aufmerksam machte, nachdem er 1812 die Giebelskulpturen des Aphaia-Tempels von Ägina erworben hatte; 1817 brachte seine Skulpturenbeschreibung der Philosoph FRIEDRICH WILHELM SCHELLING mit eigenen Kommentaren als »Bericht über die Äginetischen Bildwerke im Besitz seiner Kgl. Hoheit des Kronprinzen von Bayern« heraus. An einigen der Figuren waren noch Reste der ursprünglichen Bemalung vorhanden.

1827 schrieb LEO VON KLENZE, der Architekt der Glyptothek, an seinen Bauherrn und späteren König LUDWIG I.: »Überraschende Pracht des ganzen Eindruckes hat die Seele des Betrachters feyerlich gestimmt und nur emfenglicher gemacht für die Schönheit der alten Kunst.« Leider ist die prachtvolle Ausstattung der Glyptothek im Bombenhagel des II. Weltkriegs untergegangen; von ihr können nurmehr einige Aquarelle von 1936 eine Ahnung verleihen. Um diese Zeit hatte VON WAGNER den König bereits darüber aufgeklärt, daß die griechischen Tempel innen und außen mit kräftigen Farben bemalt waren.

Das veranlaßte LUDWIG, sich zur treibenden Kraft in der Wiederbelebung der farbig gefaßten Architektur zu machen und 1822 gegenüber VON KLENZE den Gedanken eines »polychromen Tempel(s) im Englischen Garten« zu äußern, der 1836 vollendet war. Doch bereits 1814 hatte QUATREMÈRE DE QUINCY durch sein grundstürzendes Werk »Le Jupiter Olympien, ou l'art de la sculpture antique considérée sous un nouveau point de vue. Ouvrage qui comprend un essai sur le goût de la sculpture polychrome, l'analyse explicative de la toreutique etc.« die große Grundsatzdiskussion in Gang gesetzt, die sich bequem hätte vermeiden lassen, wenn man nur die antiken Autoren gründlicher gelesen und genauer zu verstehen gesucht hätte.

1836 beendete der englische Bildhauer JOHN GIBSON mit seiner »Tinted Venus« als erster neuer Bildhauer eine vollständig farbig gefaßte Marmorfigur, nachdem er 1847 die Porträtstatue der englischen Königin VICTORIA bereits partieenweise gefaßt hatte. Doch sind wie bei allen polychrom gefaßten Werken des 19. Jh.s heute nurmehr Reste der Färbung zu sehen bzw. zu erkennen.

In der 2. Hälfte des 19. Jh.s wurde nach München Dresden Zentrum der Auseinandersetzungen um die antike Polychromie, als GEORG TREU als glühender Verfechter der vollkommenen farbigen Fassung antiker Skulpturen Direktor der Dresdener Skulpturensammlung war. Doch ließ er zunächst Künstler der Zeit Gipsabgüsse antiker Skulpturen bemalen, allerdings nicht als Rekonstruktionen, sondern als freie künstlerische Erfindung. Damit wollte er wie mit seiner Schrift »Sollen wir unsere Statuen bemalen?« 1884 für die abendländische Malerei der Kunst der Marmorbemalung eine eigene neue Tradition aufbauen. Und es gelang ihm, die Kenntnis von der farbigen Fassung antiker Skulpturen nicht nur zu vertiefen und weiter zu verbreiten, sondern auch ein breiteres Verständnis dafür zu wecken.

Und um die Jahrhundertwende vom 19. zum 20. Jh. wurde nicht mehr darüber gestritten, ob antike Skulpturen bemalt waren, sondern nur noch: wie. Es war ADOLF FURTWÄNGLER, der als Direktor der Glyptothek durch spezielle Forschungen zum Ägina-Tempel und seinen Skulpturen dazu grundlegende Erkenntnisse gewonnen hatte, die er 1906 in »Aegina. Das Heiligtum der Aphaia« veröffentlichte. Doch nach dem I. Weltkrieg schwand das Interesse an diesem Thema, in Verbindung mit dem Durchbruch neuer Stiltendenzen. Und 1944/45 haben alliierte Bombenangriffe auf München über 90% der kostbaren Innenausstattung der Glyptothek unwiederbringlich zerstört.

Doch gerade in dieser Glyptothek wurde 2003 eine neue Ausstellung eröffnet »Bunte Götter«, in der das Ergebnis der entsprechenden Forschungen der letzten Jahre mit neuen naturwissenschaftlichen Möglichkeiten der Öffentlichkeit vorgeführt wird.

Dabei wird ein unerwartetes Phänomen sichtbar: welch überragendes Ergebnis die Verbindung von vollendeter plastischer Form mit reicher detailverliebter malerischer Verzierung erbringen kann. So kann man die griechische Skulptur aus einem völlig neuen Blickwinkel zu sehen lernen. Und zu völlig neuen Gedanken- und Vorstellungswelten angeregt werden.

3. VINZENZ BRINKMANN UND DIE REKONSTRUKTION DER FARBIGEN ANTIKE

Das Hauptverdienst an der Ausstellung wie ihren Ergebnissen dürfte VINZENZ BRINKMANN zukommen, der auch den größten Teil der Katalog-Arbeiten verfaßt hat. Schon in der Einleitung verweist er auf ein Grundproblem der bisherigen Behandlung der anstehenden Fragen, nämlich die Bemerkungen aus dem griechischen Altertum als solche über die Färbung vorgegebener Bereiche mißzuverstehen und nicht auf die erzählerische Dimension der griechischen Kunst zu achten. »Es ist beispielsweise unzulässig, die Wertigkeit des dunklen Haares einer Mädchenfigur mit den ›schwarzen bedrohlichen Wolken‹ – verwendet im Sprachgebrauch eines Dichters – gleichzusetzen. Dies sind autonome ästhetische und narrative Vokabulare zweier unabhängiger Kunstgattungen. Denn der Zugang zu den eigentlichen Phänomenen der farbigen archaischen Skulptur wird damit verstellt.«

Bereits der Münchner Archäologe ADOLF FURTWÄNGLER habe es deshalb schon 1906 als wünschenswert erachtet, »daß das Thema der Polychromie der antiken Skulptur auf Grund aller vorhandenen Reste im Zusammenhang neu behandelt werde, indem das, was bisher darüber vorliegt, recht ungenügend ist.«

BRINKMANN gibt dann zu bedenken, daß es sich sowohl in den überlieferten antiken Texten wie auch in den Originalskulpturen um vorgetäuschtes Leben handele. Ihr eigentliches Ziel sei die Verlebendigung der Kunstprodukte gewesen. Die Farbe aber erhöhe die »Lesbarkeit« einer Figur um ein Vielfaches. Dazu dienten die Technik des Auftrags ebenso wie der »Modulus« (jenes Raster, nach dem alle einzelnen Zierelemente zusammengesetzt wurden), die Vorzeichnung und Ritzung ebenso wie Grund- und Standfläche (oft findet man einen zeitlich aufeinanderfolgenden Wechsel des Relief- bzw. Bildgrundes von rot und blau, weiß oder golden; in der Spätarchaik wechselt der Bildgrund öfter von Rot auf Blau).

Seit 1960 kann kein Zweifel mehr daran bestehen, daß die griechische Skulptur mit bemalter Haut arbeitete. Und wenn den modernen Betrachter der fehlende Blick der griechischen Skulptur kaum stört (da er sich an die augenlosen Gestalten seit Jahrhunderten gewöhnt hat), waren den Alten archaische Figuren ohne farbige Fassung nackt erschienen, die Gesichter unerträglich leer. Malspuren zeigen, daß gerade die Figuren des 6. Jh.s aCn einen sehr intensiven Blick besaßen.

Der Augenstern der »Berliner Göttin« ca. 560 aCn »füllt als mächtige Scheibe die weit geöffneten Augen. Das Oberlid steht in einem hohen Bogen über dem gerade geführten Unterlid. Die Irisscheibe berührt die Lidränder bündig und füllt den größtmöglichen Bereich des Auges aus, ohne von den Lidern angeschnitten zu sein.« In mehreren Fällen hat sich an der Iris rote Farbe erhalten, Schwarz für die Pupille. Manchmal wurde der roten Farbschicht eine zweite braune aufgelegt. Die Materialpolychromie von Bronzeskulpturen kann einen konkreten Eindruck der ursprünglichen Wirkung vermitteln. So leuchten aus den weißen Augäpfeln des delphischen Wagenlenkers ca. 470 aCn die braune Iris und die schwarze Pupille hervor.

Gerade in der archaischen Zeit haben die Künstler meist mathematisch-geometrisch konzipiert. Wobei gerade die Auslassung letzter Spitzen (etwa der Strähnen im Haar) bei der plastischen Ausarbeitung als Hinweis auf die malerische Vollendung des Bildwerkes zu deuten ist. Und wie bei Menschen, so auch bei Tieren, deren Mähnen und Schwanzquasten zumeist in derselben Farbe gehalten waren. Da Pferde oder Löwen selten einzeln, zumeist vielmehr in Gruppen auftreten, dienen starke Farben auch der Unterscheidung der einzelnen Tiere.

Der von antiken Autoren immer wieder beschriebene starke Eindruck vom Farben- und Formenreichtum der orientalischen Nachbarn setzte sich seit dem 7. Jh. aCn in abgeschwächter Form auch in der Kleidung der Griechen immer mehr durch. Glanz und Schmuck und Wehrhaftigkeit sowie Durchschlagskraft des Formenreichtums in der Bewaffnung trägt in die Darstellungen einen weiteren wichtigen erzählerischen Akzent. »Der Bildhauer musste seine Arbeit mit der folgenden Farbfassung abstimmen. An ein und derselben Skulptur führte er bestimmte Formen vollständig aus, während er andere Bereiche nur für den Farbauftrag vorbereitete. In Einzelfällen legte er Gegenstände überhaupt nicht an. Erst der Maler trug diese Elemente auf und nutzte dabei ›fremde‹ plastische Formen als Träger.«

Dann weiter: »Die Untersuchung der Marmorskulptur des 6. Jahrhunderts und des frühen 5. Jahrhunderts v. Chr. hat den Nachweis dafür erbracht, daß alle sichtbaren Bereiche einer Figur farbig gefasst gewesen sein können. Es gibt kein Gewand- oder Körperteil, wo nicht grundsätzlich Farbe beobachtet werden konnte. ... Farbkontraste wurden eingesetzt, um komplexe Kompositionen zu gliedern, z.B. hintereinander gestaffelte Körper voneinander abzuheben oder auch bestimmte Partien ihrer besonderen Bedeutung entsprechend hervorzuheben. ... Das Kolorit wurde noch durch einen ganz wesentlichen. Zusatz ergänzt: Ornamente, Schmuckelemente und vor allem Waffen konnten mit Blattmetall vergoldet oder versilbert werden. ...

Sinnliche Lebenskraft – in einer für den modernen Betrachter ganz verwirrenden Ausdrucksstärke – geht von der ornamentalen Hervorhebung der Brustwarzen aus. Breite, rote Strahlenkränze ziehen die Aufmerksamkeit auf sich und tragen wesentlich zur sexuellen Erscheinung des Kuros bei.«

Nun war es so, daß in der archaischen Zeit (ca. 650–490 aCn) ungezählte Marmorfiguren das Heiligtum der jungfräulichen Stadtgöttin Athens bevölkerten, darunter ein ganzer Reigen zierlicher, farbig reich gestalteter Mädchenfiguren. Sie waren Ende des 6. Jh.s von einflußreichen Familien gestiftet worden, die so die Mitwirkung ihrer Töchter am Kult der Göttin in Erinnerung halten wollten. Diese Gestalten werden »Koren« genannt. Zu dieser Gruppe wurde fälschlich auch die ebenso irrtümlich »Peplos-Kore« genannte Figur hinzugerechnet, die um 520 aCn entstand und 1887 veröffentlicht wurde. Ihre Bedeutung kann aber erst erkannt werden, wenn die farbige Fassung im Detail bekannt ist. Deshalb wurde mit dem Fund selbst auch ein farbiges Aquarell des Schweizer Künstlers EMILE GILLIÉRON PÈRE abgedruckt.

Inzwischen hat man herausgefunden, daß die Felder auf dem Gewand der Dame ursprünglich nicht leer waren, wie das Aquarell noch zeigt, sondern mit Darstellungen von Tieren, Mischwesen, Reitern verziert.

1871 ging die Nachricht vom Fund des Aphaia-Tempels auf der griechischen Insel Ägina um die Welt. Die Giebelfiguren von Vorder- wie Rückseite des Tempels, die der spätere bayerische König LUDWIG I. erwerben konnte, zeigen Kämpfe zwischen Griechen und Trojanern und sind am Übergang der archaischen zur klassischen Zeit ca. 490 bis 480 aCn entstanden. Zahlreiche Farbspuren deuteten die urspr. Bemalung an und dienten immer wieder als Ausgangspunkte für Rekonstruktionsversuche der Farben.

Besonders bekannt geworden sind »Paris«, der trojanische Bogenschütze, dessen farbige Buntheit inzwischen mit möglichen Farbvarianten weitgehend rekonstruiert werden konnte; und die »Athena« vom Westgiebel, deren Gewandung in der Rekonstruktion heute wieder leuchtend farbig aufscheint. Schließlich ein Kriegerkopf aus dem Ostgiebel, dessen Gesicht wie Helm farbig bunt (mit Varianten) rekonstruiert werden konnte.

Auch das Problem »Rüstung auf nackter Haut?« konnte gelöst werden: der 1896 gefundene Rumpf eines Marmortorsos zeigte im modernen Streiflicht zahlreiche Einritzungen, die es ermöglichten, den einstmals nur aufgemalten Panzer (die »Brünne«) mitsamt den Resten des farbigen Gewandes zu rekonstruieren.

»Auch die Bronzen waren bunt«, wie HERMANN BORN weiterhin berichtet. Noch steht man wegen mangelnder naturwissenschaftlicher Untersuchungen der Frage nach einer Gesamtpolychromie antiker Bronzestatuen und -statuetten sowie bronzener Klein- und Waffenkunst im Allgemeinen sehr skeptisch gegenüber. Doch hat 2002 erstmals eine Ausstellung »Gips in Gryps« der Universität Greifswald nachdrücklich die Vergesellschaftung von Marmor mit Bronze, Holz und Elfenbein belegt. Und die Sonderausstellung »Archäologische Bronzen – Antike Kunst – Moderne Technik« hat 1985 im Museum für Vor- und Frühgeschichte in Berlin erstmalig die Technologie farbig gefaßter prähistorischer und antiker Bronzen darstellen können.

Besonders eingehend behandelt sodann RAIMUND WÜNSCHE die »Farbigkeit des Münchner Bronzekopfes mit der Siegerbinde«. Heute gilt er als eine Schöpfung des röm. Klassizismus aus dem frühen 1. Jh. pCn. Einem ausführlichen Brief von JOHANN CHRYSOSTOMUS SCARFÒ von 1739 an den Kunstsammler ALESSANDRO Kardinal ALBANI ist zu entnehmen, daß es sich ursprünglich um den Kopf einer ganzen Figur handelte, eines Sportlers, der die Siegesbinde trug.

Die Farbigkeit des Bronzekopfes ist inzwischen auch durch viele andere antike Bronzen nachgewiesen. Da sind Lippen kupferrot mit buntfarbigem Metall geformt, die Zähne versilbert, die Augenbrauen aus Kupfer eingesetzt, das Brauenhaar anders gefärbt als das Haar von Bart und Haupthaar. Fast alle griechischen Großbronzen und viele röm. Bronzen hatten zumindest bis zum Ende des 2. Jh.s pCn eingelegte farbige Augen: die Wimpern aus Bronzeblech, das Augenweiß aus Marmor oder Knochen oder Elfenbein, in das eine Öffnung für Iris und Pupille eingeschnitten ist: die Iris meist aus einer durchscheinenden braunen oder auch anders gefärbten Paste, oder aus farbigem oder weißem Glas.

Der »Augenbildner« *faber ocularius* war ein eigener spezialisierter Berufszweig. Dessen Arbeiten lassen sich besonders deutlich in der Rekonstruktion einer vergoldeten Apollostatue von PHIDIAS um 450 aCn erkennen, oder im Kopf der rekonstruierten ACHILLEUS-Baronzestatue, dem »Doryphoros«, mit vergoldeten Haaren (München 1905). Und natürlich in der farbigen Rekonstruktion des Münchner Bronzekopfes des Sportlers: der Augapfel aus blankem Silber, die Iris aus patiniertem Silber, die Pupille aus rotem Halbedelstein, Lippen und Augenbrauen vergoldet.

Die Farbigkeit des eigentlichen Aphaia-Tempels behandelt sodann HANS-GEORG BANKEL in einer ausführlichen Darstellung, wie Schritt für Schritt immer neue Farbrekonstruktionen entstanden, seit 1811 CARL HALLER VON HALLERSTEIN und sein Reisebegleiter CHARLES ROBERT COCKERELL die ersten Belegstücke für die ursprünglich farbige Fassung des Tempels abzeichneten. Damals waren sie sich der Bedeutung ihrer Entdeckung völlig bewußt.

Nach einer Reihe von Zwischenschritten folgte dann 1846 die Farbrekonstruktion des gesamten Tempels durch JAKOB IGNAZ HITTORF, der wie kein anderer den architektonischen Teil der Polychromiedebatte beherrschte. 1853 veröffentlichte der französische Architekt CHARLES GARNIER seine wunderbar gezeichneten und kolorierten Blätter im Pariser Salon; und erst 1884 brachte die Académie de France seine Bestandsaufnahmen und Rekonstruktionen des Tempels von Ägina in einer Prachtausgabe heraus.

Und 1860 erschien auch COCKERELLS wunderbare Farbrekonstruktion in handkolorierten Blättern. ERNST FIECHTER aber legte 1906 seine im Wesentlichen bis heute gültige Farbrekonstruktion vor, die neueste Untersuchungen für die neue Münchner Ausstellung nur bestätigen konnten.

Schließlich berichten ULRIKE KOCH-BRINKMANN und RICHARD POSAMENTIR von der »Grabstele der Paramythion«. Sie entstand um 370 aCn und gilt als typisches Beispiel einer »Sparversion«, die zu billigstem Geld möglichst viele Aspekte einer großen Grabanlage aufnehmen sollte: und da alle klassischen Reliefs erst durch die Malerei als vollendet galten, konnte das nur durch reine Malerei geschehen.

Auf der schmalen Stele wurde nur das Gefäß für Brautwasser *hydria loutrophoros* plastisch herausgearbeitet sowie auf ihm die Namen einer Frau PARAMYTHION und eines Mannes PHEIDIADES, die durch Handschlag mit einander verbunden sind. 1960 wurde an dieser Grabstele als der ersten bemalten Stele die neue Technik von UV und Streiflicht eingesetzt. Die Grabstele erwies sich als Grabstein einer unverheiratet verstorbenen Frau. Die dadurch vollständig sichtbar gemachten aufgemalten Elemente und die sichere Farbzuweisung der rot und blau gefaßten Bereiche aufgrund der Pigmentreste machten eine umfassende Rekonstruktion möglich.

In einem der letzten Beiträge befaßt VINZENZ BRINKMANN sich dann mit den »blauen Augen der Perser. Die farbige Skulptur der Alexanderzeit und des Hellenismus.« Darin heißt es: »Der so genannte Alexandersarkophag aus der sidonischen Königsmetropole, eine unübertroffen schöne Arbeit einer griechischen Werkstatt aus der Zeit um 320 v. Chr., legt für die Hinwendung zur östlichen Welt Zeugnis ab. Als der Sarkophag 1887 entdeckt wurde, war seine Farbfassung – ein außergewöhnlicher Glücksfall für die Klärung der hellenistischen Marmorpolychromie – ungewöhnlich gut erhaben. ...

Zwei Themen bestimmen die vielfigurige Darstellung: Zum einen der Kampf zwischen Makedonen und Persern und zum anderen die Jagd auf Löwe, Hirsch und Panther als eine gemeinsame Unternehmung von Griechen und ›persisch‹ gekleideten Freunden der Makedonen. In beiden Sequenzen steht der Eroberer des persischen Großreiches, Alexander der Große, im Vordergrund der Handlung.

Die griechisch-makedonischen Krieger und Jäger sind entweder in idealisierender Nacktheit dargestellt oder mit kurzem Panzerrock und Reiterumhang bekleidet. Die Haut ist in hellen Rotbrauntönen und die griechischen Gewänder in eleganter Einfarbigkeit gehalten. Benutzt wird eine Palette von Ockertönen, abgestuft von hellem Goldocker bis zu violettbraun. In gesuchtem Kontrast hierzu stehen die reich verzierten langen Hosen, Rockgewänder und Mäntel der ›Orientalen‹. Kunstvolle Rautenornamente schmücken die Hosenbeine, wie sie bereits am Bogenschützen des Aphaia-Tempels zu finden sind. ...

In den Giebelfeldern stehen griechische Kämpfer ihren östlichen Gegnern in schwerer Rüstung gegenüber. Die einzelnen Panzer sind zwar plastisch ausgearbeitet, aber durch die Farbe werden erst dessen (sic) Elemente präzise und lebendig voneinander unterschieden. Der ästhetische Kontrast von beruhigter und flimmernder Farbwirkung des Reliefs des Sarkophagkastens wird aufgehoben. Die Schilde der Makedonen und Perser sind als Träger für Miniaturmalereien genutzt worden. ...

In der großen Kampfszene muss sich ein Perser gegen den Angriff Alexanders des Großen erwehren. Seine Augen, in die der Maler ein Glanzlicht gesetzt hat, sind wasserblau. Die Haare, die unter der goldgelben Tiara hervorkommen, sind feuerrot. Alexander hingegen erscheint ... mit braunen Augen und kastanienbraunem Haar.«

Als Vergleich dient das Symposiastenfries des makedonischen Grabs von Agios Athanassios bei Thessaloniki. »Neben der Grundstimmung der gedeckten Braun- und Violettöne stehen das strahlende Blau und der leuchtende Zinnober. Auch die Terrakotten vermitteln einen Eindruck vom gekonnten, manchmal geradezu verspielten Umgang der Fassmaler mit der variationsreichen, hellenistischen Farbpalette. Im abgetönten, dezenten Kolorit ist die Farbigkeit einer weiblichen Tonfigur gehalten. Die elegante Dame hüllt sich in ihren blauen Mantel. Ein breiter goldener Saum setzt ihn vom etwas hellerem Blau des Untergewandes ab. Auch der Fächer ist abgestimmt auf das Gewand und offensichtlich auch auf ihre blauen Augen. Die Blautöne bilden eine elegante Folie für ihr elfenbeinfarbenes Inkarnat. Roter Mund und rotweißer Hut wirken geradezu kokett.«

Ab dem 2. Jh. aCn setzen sich solche »spitzeren« Tonwerte zusehends durch und es kommt zu einer fast schrillen neuen Ästhetik. Die Münchner Terrakotta einer Frau wurde 1829 in Athen gefunden. Chiton und Mantelsaum sind blau gefaßt, über den Mantel läuft ein ockergelber Streifen, ansonsten ist der Mantel weiß belassen. Die Haare sind ockerbraun, das Gesicht in zartrosa gefaßt.

Und fast zum Abschluß beschreibt PAOLO LIVERANI den »Augustus von Prima Porta«. Er wurde 1863 entdeckt. Die verwendete Farbpalette ist recht einfach: als Blau die alexandrinische Fritte oder Ägyptisch-Blau, das Krapp ist eine rote Farbe pflanzlichen Ursprungs, ein Rotton auf Ockerbasis wurde manchmal mit Karminrot vermischt, ein auf Ocker basierendes Braun *terra di Siena,* aus Bleioxiden geschaffenes Gelb. Als Bindungsmittel nahm man Kasein, und wohl auch als eine Art Grundierung. Die Haut des AUGUSTUS wurde ebenso wie die des EROS und der Personen auf dem Panzer sowie der Grund des Panzers selbst nie bemalt, sondern im Originalton de Marmors belassen.

Dann beschäftigen sich VINZENZ BRINKMANN, SYLVIA KELLNER, ULRIKE KOCH-BRINKMANN und JAN STUBBE ØSTERGAARD mit der »Farbfassung des Calligula-Porträts« aus der Ny Carlsberg Glyptothek Kopenhagen. Daran nachweisbare Spuren von Hautfarbe waren der Anlaß, die Farbrekonstruktion eines römischen Kaiserporträts zu versuchen.

Man mischte für die Haut den erhaltenen Farbton mit Goldocker, rotem und dunklem Ocker (pompejanisch, englisch Rot, gebrannte Umbra) und Weiß an. Die Inkarnatfarbe ist zwar deckend, aber so hauchdünn aufgetragen, daß die schwarze Untermalung durchschlägt.

Bei einem röm. Frauenkopf wurde über die Haare zunächst ein hellgelber Grundton gelegt, darauf wurde die Sonderung und Gliederung der Strähnen und die Darstellung der Löckchen um Stirn und Schläfen in braunroter Zeichnung gegeben. Der Goldocker läßt beim CALIGULA einige in Schwarz betonte Locken im Haarkranz durchscheinen. Für die Haarfarbe insgesamt wurde eine der üblichsten Haarfarben überhaupt genommen – ein Rotbraun.

Die dezentrale Position der Pupille und die Größe der Iris sind noch auf der letzten historischen Photoaufnahme von 1957 deutlich zu erkennen. Das Unterlid war innen krapprosa betont, das Oberlid mit einer beinschwarzen Linie. Geringe Reste braunen Ockers konnten für die Iris nachgewiesen werden; das Augenweiß wurde mit weißem Pigment verstärkt.

Das alles mag zusammen mit den Abbildungen einen ersten Eindruck von jener überwältigenden Buntheit der antiken Welt unter der glühenden Sonne und dem blauen Himmel rings ums Mittelmeer geben und endgültig das WINCKELMANN'sche Bild von der »edlen Einfalt und stillen Größe« der marmorbleichen römischen Kopien griechischer Originale in jene Trümmerhaufen der Archäologie verbannen, aus denen jetzt die Wirklichkeit herrlich farbenreich wieder auferstanden ist.

Aufsätze und Bücher übers Neolithikum

Das Neolithikum (= Jungsteinzeit) gab es auf allen Kontinenten; manche »Naturvölker« leben nach dieser Werkzeug-Chronologie noch heute in ihrem Neolithikum. Aber die Geschichte des Neolithikums aufzuklären, ist ungeheuer schwierig. Denn es gibt kaum Schriften, die aus jener Zeit berichten: die altägyptischen Hieroglyphen, die sumerischen Keilschrifttafeln, die minoischen Piktogramme, die altchinesischen Ideogramme. Und kaum einem neolithischen Volk kann man einen »richtigen« Namen zuweisen, weil von neolithischen Sprachen kaum etwas bekannt ist. Zwar kann man aus den heute noch lebenden Sprachen etwa des Indogermanischen jenes im Früh-Neolithikum entstandene Ur-Indogermanisch rekonstruieren, was einige Rückschlüsse auf das materielle wie geistige Leben der Ur-Indogermanen erlaubt. Aber (noch) nicht mehr.

Hauptinformant über das Neolithikum ist daher die Archäologie. Doch deren Befunde sind – bei allem Reichtum – noch viel zu lückenhaft, und vor allem deutungsbedürftig. Denn einerseits zeichnen sich z.B. Kulturgruppen ab (wie etwa die »Aunjetitzer Kultur«, die nach ihren ersten oder wichtigsten Fundplätzen benannt sind), doch lassen sich andererseits noch keine überzeugenden Zusammenhänge aufzeigen. Zwar sind einige Zusammenhänge bekannt, wie etwa zwischen Nordeuropa und Ägypten, von wo ein bestimmter Stuhltyp etwa in norddeutsche Museen kam; oder die in Hieroglyphen-Schriften erwähnten »Haunebu« als Mitglieder der Seevölker, in denen man wohl mit Recht Ahnen der spätern Hünen (oder Heunen) sieht; oder der Umschwung aus der Mondzeit in die Sonnenzeit, wie ihn Nebra oder Stonehenge darstellen – und vielleicht der monotheistische Sonnenkult des Echn-Aton.

Aber größere Zusammenhänge lassen sich kaum erst erahnen. So etwa ein möglicher, der sich vom ostserbischen Lepenski Vir an der Donau über das siebenbürgische Tărtaria und Bulgarien nach Sumer im kleinasiatischen Mesopotamien erstreckt. Sachhinweise darauf häufen sich – aber wie sind sie im Einzelnen zu deuten? Hat sich eine Gruppe in A aufgemacht und ist aus welchen Gründen auch immer nach B gezogen? Wo war wann A, und wo B? Hat die Gruppe Gegenstände materiell mitgenommen bzw. mitgebracht, oder nur die Idee, die dann am neuen Ort selbständig neu ausgearbeitet wurde, nachdem die Kenntnis den Wert des Verwirklichten übertrug? Und: kann man aus gleichen materiellen Lösungen auf eine gleiche Sprache schließen?, gar auf deren gleichzeitige Übertragung? Oder könnten sich unterschiedliche Sprachen gegenseitig befruchtet und bereichert haben, ohne sich gegenseitig zu verändern?

Neben dem Neolithikum im mediterran-europäischen Raum gab/gibt es natürlich auch Neolithiken in Afrika und Südasien, in Amerika und Australien und Ostasien (in Japan etwa die »Jomon-Kultur«, in China erforscht man derzeit Motive bemalter neolithischer Keramik) und Zentralasien. Über die einzelnen Fundstellen, die sich ständig vermehren, liegt eine bisher ungezählte Menge an Einzelarbeiten vor; und einige Arbeiten als Versuche, das jeweils entdeckte Neolithikum nicht nur als »Fundstation«, sondern auch als Teil eines übergreifenden Großenganzen zu beschreiben und zu erkennen. Doch genügt allein schon eine Fundstellenkarte, um zu zeigen, welch ungeheure Fundlücken da noch klaffen (ohne daß einer sagen könnte, ob es sich tatsächlich um Lücken handelt, die die Archäologie eines Tages schließen kann, oder ob es da tatsächlich nie etwas gegeben hat).

Daher versucht die nachstehende Literaturliste lediglich, eine erste Schneise in die Beschäftigung mit dem mediterran-europäischen Neolithikum zu schlagen. Mit der Aufnahme eines Titels oder seiner Weglassung ist also nicht die geringste Bewertung verbunden.

Die Titelliste

Aldovasio, James M. (u.a.): Prehistoric and historic settlement patterns in western Cyprus (with a discussion of Cypriot Neolith stone tool technology). London 1975

Albrecht, Klaus: Maltas Tempel zur Wintersonnenwende: astronomische Ausrichtungen megalithischer Tempel auf Malta und Gozo und ihre religiösen Bezüge. Selbstverlag, Naumburg 2000

Alram-Stern, Eva: Das Neolithikum in Griechenland mit Ausnahme von Kreta und Zypern, mit Beiträgen von Nikos Efstratiou. Veröffentlichungen der Mykenischen Kommission, Philosophisch-Historische Klasse, 16. Wien 1996

Ammermann, Albert J. and L. L. Cavalli-Sforza: The neolithic transition and the genetics of populations in Europe. Princeton-NJ University Press 1984

ANISA-Verein (Hrsg.): Schalen und Schalensteine: Felsbilder/Petroglyphs; Schalen in der ostalpinen Felsbildwelt; Interpretation und Datierung; Internationale Tagung, Symposium 1994, Velden am Wörthersee, Verein ANISA. Gröbming-Verlag, Austria 1995

Aslanis, I.: Das Neolithikum und das Chalkolithikum im nordgriechischen Raum. In: Tell Karanovo und das Balkan-Neolithikum, Gesammelte Beiträge zum Internationalen Kolloquium in Salzburg, 1988, S. 65–81. Salzburg 1989

Aurenche, Olivier: La naissance du Néolithique au Proche Orient ou le paradis perdu. Ed. Errance, Paris 1999

Baldellou, Martínez V.: Le Néolithique en Aragón. Madrid o. J.

Barrelet, Marie-Thérèse (Hrsg.): L'archéologie de l'Iraq du début de l'epoque néolithique à 333 avant notre ère. Perspectives et limites de l'interpretation anthropologique des documents. Paris 1978

Behrens, H.: Wirtschaft und Gesellschaft im Neolithikum des Mittelelbe-Saale-Gebietes. Methodische Grundlegung und systematische Ergebnisse. In: Prähistorische Zeitschrift 50, S. 141–160. o.O., 1975

Benz, Marion: Die Neolithisierung im Vorderen Orient: Theorien, archäologische Daten und ein ethnologisches Modell. Ex oriente, Berlin 2000

Berciu, D.: Neue Forschungsergebnisse zur Vorgeschichte Rumäniens, 4 Vorträge zu Problemen des Neolithikums, der Bronzezeit, der Hallstattzeit und der dakogetischen Latènezeit. In: Antiquitas, Reihe 2, Abhandlungen aus dem Gebiete der Vor- und Frühgeschichte, 4. Bonn 1966

Bérenger, Daniel: Steinzeitjäger und Germanen in Thüle. In: Archäologie in Ostwestfalen, 7 (2002), S. 9–13, III., 2002

Bernbeck, Reinhard: Steppe als Kulturlandschaft. Das Agig-Gebiet Ostsyriens vom Neolithikum bis zur islamischen Zeit. Reimer, Berlin 1993

Biagi, Paolo (Hrsg.): International Round Table: The Neolithisation of the Alpine Region, Museo Civico di Scienze Naturali, Brescia 1988. Brescia 1990

Bialas, Rudolf: Bodendenkmäler der Jungsteinzeit. Zeugnisse früher Bauernkulturen im Warburger Land. In: Der Tradition verbunden, der Zukunft verpflichtet, Warburger Schriften 7, S. 25–36, III. Warburg 1994

Biehl, Peter F.: Studien zum Symbolgut des Neolithikums und der Kupferzeit in Südosteuropa. Saarbrücker Beiträge zur Altertumskunde, 64, Universität Diss., 1995. Habelt-Verlag, Bonn 2003

Bley, Karlene Jomes: The earliest Indo-European burial tradition in neolithic Ireland. Ann-Arbor-MI University, Microfilms, 1990
Böhm, Gabriele: Siedlungsanfänge in der Jungsteinzeit. In: Hohne, Bauernschaft am Deetweg, Hrsg. von der Gemeinschaft der Hohner Vereine, S. 30–38. Greven 1999
Bostyn, Françoise: Néolithique et protohistorique du site des Antes. Rungis, Ed. Artcom, Paris 2002
Breunig, Peter: 14C-Chronologie (C-Chronologie) des vorderasiatischen, südost- und mitteleuropäischen Neolithikums. Fundamenta, Reihe A, Bd. 13, Monographien zur Urgeschichte. Köln (u. a.), Böhlau 1987
Burger, I.: Die Siedlung der Chamer Gruppe von Dobl, Gemeinde Prutting, Landkreis Rosenheim, und ihre Stellung im Endneolithikum Mitteleuropas. Materialhefte zur bayerischen Vorgeschichte, Reihe A, Fundinventare und Ausgrabungsbefunde, 56. Fürth 1988
Burgess, Colin B., (Hrsg.): Enclosures and defences in the neolithic of western Europe. Oxford 1988
Campillo, D.: Study of three trepanated skulls from the Neolithic period exhumed in »Sant Pau Road« in Barcelona, Spain (o.J.)
Cauvin, Jacques: Religions néolithiques de Syro-Palestine. Librairie d'Amérique et d'Orient, Paris 1972
Cauwe, Nicolas: Organisation néolithique de l'espace en Europe du Nord-Ouest: actes du 23e Colloque Interrégional sur le Néolithique, Bruxelles 1997. Bruxelles 1998
Chambon, Philippe: Les pratiques funéraires néolithique avant 3500 av. J.-C. en France et dans les régions limitrop. Société Préhistorique Française, Paris 2003
Chataigner, Christine: La Transcaucasie au néolithique et au chalcolithique. Oxford. 1995
Chirica, Vasila (Hrsg.): Le paléolithique et le néolithique de la Roumanie en contexte européen. Iasi, Institut d'Archéologie, 1990
Cole, Sonia: The neolithic revolution. London, British Museum 1970
Darvill, Timothy (Hrsg.): Neolithic houses in Northwest Europe and beyond. Oxbow, Oxford 1996
Das Äneolithikum und die früheste Bronzezeit (C 14 3000–2000 B.C.). In: Mitteleuropa, kulturelle und chronologische Beziehungen, Acta des 14. Internat. Symposiums, Prag–Liblice 1986, in: Praehistorica 15, Acta Instituti Praehistorici Universitatis Carolinae Pragensis, Praha 1989
Debono, Fernand: A Neolithic settlement and other sites in the vicinity of Wadi Hof, Helwan. With app. by H. A. Hamroush ... Archäologische Veröffentlichungen, 82, (Deutsches Archäologisches Institut, Abteilung Kairo). von Zabern-Verlag, Mainz 1990
Die Schweiz vom Paläolithikum bis zum frühen Mittelalter. Neolithikum, Basel 1995
Demoule, Jean-Paul (Hrsg.): Le néolithique de la France. Picard, Paris 1986
Dimitrijevic, S.: Neolit u sjeverozapadnoj Hrvatskoj. Pregled stanja istrazivanja do 1975. godine. (Das Neolithikum in Nordwestkroatien. Überblick über den Stand der Forschung bis 1975). In: Archäologische Forschungen im nordwestlichen Kroatien, Tagung Varaždin 1975, S. 71–128. Zagreb 1978

ders.: Das Neolithikum in Syrmien, Slawonien und Nordwestkroatien. Einführung in den Stand der Forschung. In: Archaelogia jugoslavica 10, S. 39-76, 1969
Dzieduszycka-Machnikowa, A.: Aus den Untersuchungen der Feuersteinindustrie im Neolithikum und der Frühbronzezeit. In: Die Frühbronzezeit im Karpatenbecken und in den Nachbargebieten, Internat. Symposium 1977, Budapest-Velem, S. 63-66. Budapest 1981
Ebel-Zepezauer, Wolfgang: Seßhaftwerdung des Menschen. 1997
Ebersbach, Renate: Von Bauern und Rindern. Schabe-Verlag, Basel 2002
Efstratiou, Nikos: Das Neolithikum in Griechenland mit Ausnahme von Kreta und Zypern. Veröffentlichungen der Mykenischen Kommission. ÖAW, Philosophisch-historische Klasse, 16, Reihe: Die ägäische Frühzeit, neu erschienene Literatur 1975-1993/94, S. 19-80
Eggert, M. K. H.: Mersin und die absolute Chronologie des europäischen Neolithikums. Germania, Anzeiger der Röm-Germ. Kommission 65, S. 17-28. o.O., 1987
ders.: Wotzka, H. P., Kreta und die absolute Chronologie des europäischen Neolithikums, Germania, Anzeiger der Röm.-Germ. Kommission 65, S. 379-422. 1987
Ekschmitt, Werner: Kunst und Kultur der Kykladen. von Zabern-Verlag, Mainz 1986
Evolution und Revolution im Alten Orient und in Europa. Das Neolithikum als historische Erscheinung. Berlin 1971
Felber, H.: Absolutchronologie des Neolithikums in Österreich. In: Mitteilungen der Anthropologischen Gesellschaft in Wien 113, S. 73-78. 1983
Ferrari, Alessandro: Sammardenchia – Cûeis: contributi per la conoscenza di una comunità del primo neolitico. Edizioni del Museo Friulano di Storia Naturale. Comune di Udine 1999
Frank, Thomas: Die neolithische Besiedlung zwischen der Köln-Bonner Rheinebene und den Bergischen Hochflächen. Habelt-Verlag, Bonn 1998
Frenzel, Burkhard (Hrsg.): Evaluation of land surfaces cleared from forests by prehistoric man in early Neolithic times and the time of migrating Germanic tribes. Paläoklimaforschung, ESF project »European Palaeoclimate and Man«, 3, Paläoklimaforschung 8. Fischer-Verlag, Stuttgart 1992
Gallis, K., Efstratiou, N., Alram-Stern, E.: Die ägäische Frühzeit 2. Serie, Forschungsbericht 1975-1993, 1. Das Neolithikum in Griechenland, mit Ausnahme von Kreta und Zypern, Verlag der ÖAW, Phil.-Hist. Klasse, Veröffentlichungen der Mykenischen Kommission 16. Wien 1996
Garasanin, D.: Starveco und das makedonische Neolithikum, Makedonija Acta archaeologica 10, S. 37-45. 1985-86
Garaansin, M.: Probleme des Neolithikums und Äneolithikums des mittleren Balkans im Lichte der makedonischen Forschung, Makedonija Acta archaeologica 10, S. 25-35. 1985-86
Gebel, Hans Georg: Das akeramische Neolithikum Vorderasiens: Subsistenzformen und Siedlungsweisen; tabellarische Material- und Befundpräsentation zu Fundorten des Protoneolithikums und des akeramischen Neolithikums. Reichert-Verlag, Wiesbaden 1984
Georgiev, G. I.: Die Gemeinsamkeit der Kulturen Südbulgariens und Nordgriechenlands während des Neolithikums, Aneolithikums und der Frühbronzezeit. In: Acta of the 2nd Internat. Colloquium on Aegean Prehistory. The first arrival of Indo-European elements in Greece, S. 115-127. Athens 1972

ders.: Das Neolithikum und Chalkolithikum in der thrakischen Tiefebene (Südbulgarien), Probleme des heutigen Forschungsstandes. In: Thracia. Primus Congressus Studiorum Thracicorum, S. 5–27. Serdicae (Sofija) 1972, I.

ders.: Beiträge zur Erforschung des Neolithikums und der Bronzezeit in Südbulgarien. In: Archaeologia austriaca 42, S. 90–144. 1967

Gimbutas, Marija: The civilization of the goddess. Die Zivilisation der Göttin, die Welt des Alten Europa, hrsg. von Joan Marler. Verlag Zweitausendeins, Frankfurt am Main 1996

Goren, Yuval: Kissufim road: a chalcolithic mortuary site. Israel Antiquities Authority, Jerusalem 2002

Grammenos, Demetrios V.: Neolithike Makedonia. Ekdose tu Tameiu Archaiologikon Poron ka Apallotrioseon. Athen 1997

Guilaine, Jean (Hrsg.): Premiers paysans du monde. Collège de France Paris, Chaire des Civilisations de l'Europe au Néolithique et à l'Age du Bronze, naissances des agricultures; Séminaire de la Chaire des Civilisations de l'Europe au Néolithique et à l'Age du Bronze du Collège de France. Ed. Errande, Paris 2000

ders.: La Néolithisation de la Mediterranée occidentale. Madrid 1979

Häusler, A.: Internationales Symposium über das Spätneolithikum und die Frühbronzezeit im Donaugebiet, Novi Sad, 1974. In: Zeitschrift für Archäologie 9, S. 145–146. 1975

ders.: Die Bestattungssitten des Früh- und Mittelneolithikums und ihre Interpretation. In: Evolution und Revolution im Alten Orient und in Europa. Das Neolithikum als historische Erscheinung, S. 101–119. Berlin 1971

ders.: Die Entstehung des Äneolithikums und die nordpontischen Steppenkulturen. Bemerkungen zu einer neuen Hypothese. In: Germania, Anzeiger der Röm.-Germ. Kommission 73, S. 41–68. 1995

Hafner, Albert: -3400: die Entwicklung der Bauerngesellschaften im 4. Jahrtausend v. Chr. am Bielersee aufgrund der Rettungsgrabungen von Nidau und Sutz-Lattringen, Schriftenreihe der Erziehungsdirektion des Kantons Bern, Ufersiedlungen am Bielersee, Bd. 6. Berner Lehrmittel- und Medienverlag, Bern 2000

Harris, D. R.: The Origins and Spread of Agriculture and Pastoralism in Eurasia. London 1996

Hauptmann, H.: Zum Neolithikum in Makedonien. In: Istanbuler Mitteilungen 17, Deutsches Archäologisches Institut, Abt. Istanbul, S. 1–21. 1967

Heinz, Marlies: Altsyrien und Libanon – Geschichte, Wirtschaft und Kultur vom Neolithikum bis Nebukadnezar. Wissenschaftliche Buchgesellschaft, Darmstadt 2002

Heeringen, R. M. van (Red.): Kwaliteitsbepalend onderzoek ten behoeve van duurzaam behoud van neolithische terreinen in West-Friesland en de Kop van Noord-Holland. Nederlandse Archeologische Rapporten 21. Amersfoort: Rijksdienst voor het Oudheidkundig Bodemonderzoek, 2001

Hiller, Stefan (Hrsg.), Nikolov, Vassil (Hrsg.): Österreichisch-bulgarische Ausgrabungen und Forschungen in Karanovo. Archäologisches Institut der Universität Salzburg, Archäologisches Institut mit Museum der Bulgarischen Akademie der Wissenschaften, Sofia 3. Phoibos Verlag, Wien 2000

Honegger, Matthieu: L'industrie lithique taillé du Néolithique moyen et final de Suisse. CNRS éditions, Paris 2001

Horváth, László András: Das Neolithikum und die Kupferzeit in Südwesttransdanubien. Magyar Nemzeti Múzeum, Budapest 2003

Höneisen, M. (Hrsg.): Die ersten Bauten – Pfahlbauten Europas. Forschungsberichte zur Ausstellung im Schweizerischen Landesmuseum und zum Erlebnispark/Ausstellung Pfahlbauten in Zürich 1990. Bd. 1: Schweiz, Bd. 2: Einführung, Balkan und angrenzende Regionen der Schweiz. Zürich 1990

Jakovenko, E. V.: Novye dannye o kontaktach naselenija severnogo Pričernomor'ja s Kavkazom v epochu eneolita (Neues zu den Kontakten zwischen nördlichem Schwarzmeergebiet und Kaukasus im Äneolithikum). In: Kavkaz i Sredizemnomor'e (Kaukasus und Mittelmeergebiet. Konferenz Tbilisi 1975 zum Thema »Antike, byzantinische und einheimische Tradition in den Ländern des südlichen Schwarzmeergebietes«), S. 85–91. Tbilis (= Tiflis)1980

Jankuhn, H.: Vor- und Frühgeschichte vom Neolithikum bis zur Völkerwanderungszeit. Deutsche Agrargeschiche, 1. Stuttgart 1969

Kalicz, N.: Götter aus Ton. Das Neolithikum und die Kupferzeit in Ungarn. Budapest 1970

Katz-Gut, Vreni: Jungsteinzeit. Unterlagen für den individualisierenden und gemeinschaftsbildenden Unterricht. Elgg, ZKM Verlag der Zürcher Kantonalen Mittelstufenkonferenz, Zürich 1997

Karageorghis, Jacqueline: La grande déesse de Chypre et son culte: à travers l'iconographie de l'epoque néolithique au VIème s. a. C. Maison de l'Orient Méditerannéen, Lyon 1977

Karul, Neomi: Gebäude aus Flechtwerk: die archäologischen Befunde aus den neolithisch-chalkolithischen Siedlungsschichten von Hoca Çesme, Asagi Pinar und Toptepe. Mikrofiche-Ausg., 2000

Katincarov, R., Lichardus, J.: Bericht über die bulgarisch-deutschen Ausgrabungen in Drama, 1983–1988 – Neolithikum, Kupferzeit, Bronzezeit. In: Deutsches Archäolog. Institut. Bericht der Römisch-Germanischen Kommission 70, 1989

Kaufmann, D.: Kultische Äußerungen im Frühneolithikum des Elbe-Saale-Gebietes. In: Religion und Kult in ur- und frühgeschichtlicher Zeit, 13. Tagung der Fachgruppe Ur- und Frühgeschichte 1985 in Halle (Saale), S. 111–139. Berlin 1989

Kertész, Robert (Hrsg.): International Archaeological Conference »From the Mesolithic to the Neolithic« 1996, Szolnok. Archaeolingua Alapítvány, Budapest 2001

Kiguradze, Tamaz: Neolithische Siedlungen von Kvemo-Kertli, Georgien. Beck-Verlag, München 1986

Kirsch, Eberhard: Funde des Mittelneolithikums im Land Brandenburg. Brandenburgisches Landesmuseum für Ur- und Frühgeschichte, Potsdam 1993

Knoche, Benedikt: Die Jungsteinzeit. In: Der Kreis Soest, Führer zu archäologischen Denkmälern in Deutschland, 39, S. 52–73. Stuttgart 2001

ders.: Das jungsteinzeitliche Erdwerk von Rimbeck bei Warburg, Kreis Höxter. Frühe Burgen in Westfalen, 20, Altertumskommission für Westfalen. Münster 2003

Korkuti, Muzafer: Neolithikum und Chalkolithikum in Albanien (Monographien Heidelberger Akademie der Wissenschaften, Internationale Interakademische Kommission für die Erforschung der Vorgeschichte des Balkans, Bd. 4). von Zabern-Verlag, Mainz 1995

Kruk, Janusz: Rozkwit i upadek spoleczenstw rolniczych neolitu – The Rise and Fall of Neolithic Societies. Instytut Archeologii i Etnologii PAN. Kraków 1999

Lianeres, Niketas N.: Ho polemos ste Neolithike: Dimeni – he logie enos mnemeiu. Inst. tu Bibliu Kardamitsa, Athena 2003

Lichardus, Jan: La protohistoire de l'Europe: le Néolithique et le Chalcolithique entre la Méditerranée et la mer Baltique. Paris, Presses Universitaires de France 1985

Lichter, Clemens: Untersuchungen zu den Bestattungssitten des südosteuropäischen Neolithikums und Chalkolithikums. von Zabern-Verlag, Mainz 2001

Löhr, H.: Linksflügler und Rechtsflügler in Mittel- und Westeuropa. Der Fortbestand der Verbreitungsgebiete asymmetrischer Pfeilspitzenformen als Kontinuitätsbeleg zwischen Meso- und Neolithikum. In: Trierer Zeitschrift für Geschichte und Kunst des Trierer Landes und seiner Nachbargebiete 57, S. 9–127. 1994

Löwen, Holger: Menschen der Jungsteinzeit, anthropologische Untersuchungen an Skelettfunden aus Warburger Gräbern des ausgehenden 4. Jahrtausends v. Chr. (Katalog zur gleichnamigen Ausstellung 1996 im Museum im »Stern«, Warburg), Museumsverein Warburg e.V. Warburg 1996

Lüning, Jens: Frühe Bauern in Mitteleuropa im 6. und 5. Jahrtausend v. Chr: Jahrb. RGZM 35, S. 27–93

ders.: Die Anfänge des Neolithikums vom Orient bis Nordeuropa, 5b. Westliches Mitteleuropa VII. In: Fundamenta, Reihe A, 3, Monographien zur Urgeschichte, Köln 1976

ders.: Siedlungen der Steinzeit; Haus, Festung und Kult. Spektrum d. Wiss., Heidelberg 1989

ders.: Die Bankeramik im Merzbachtal auf der Aldenhovener Platte 5. Rheinische Ausgrabungen 36. Köln 1994

ders.: Steinzeitliche Bauern in Deutschland: die Landwirtschaft im Neolithikum. Habelt-Verlag, Bonn 2000

Machnik, J.: Kulturbeziehungen zwischen dem Kaukasus und dem Karpatenraum an der Wende des Neolithikums und der Bronzezeit. In: Actes du VIIe Congres international des sciences praehistoriques et protohistoriques, 2. Rapports et co-rapports, Beograd 1971, S. 350–354, Beograd 1973

Malmer, Mats P.: The Neolithic of South Sweden; Royal Swedish Acad. of Letters, History and Antiquities. Stockholm 2002

Mahlstedt, Ina: Die religiöse Welt der Jungsteinzeit. Wissenschaftliche Buchgesellschaft, Darmstadt 2004

Maran, Joseph: Kulturwandel auf dem griechischen Festland und den Kykladen im späten 3. Jahrtausend v. Chr.: Studien zu den kulturellen Verhältnissen in Südosteuropa und dem zentralen sowie östlichen Mittelmeerraum in der späten Kupfer- und frühen Bronzezeit. Universitätsforschungen zur prähistorischen Archäologie 53. Habelt-Verlag, Bonn o. J.

McIntos, Roderick J.: Clustered cities and alternative courses to authority in prehistory. In: Journal of East Asian archaeology, Leiden vol. 1. no 1-4 (1999), S. 63–86

Meier-Arendt, W.: Die Hinkelstein-Gruppe. Der Übergang vom Früh- zum Mittelneolithikum in Südwestdeutschland. Römisch-Germanische Forschungen 35. Berlin 1975

Michel, Robert: Typologie et chronologie de la céramique néolithique: céramostratigraphie d'un habitat lacustre. Musée Cantonal d'Archéologie, Neuchatel 2003

Milojcic, V., Boessneck, J., Hopf, M.: Die deutschen Ausgrabungen auf der Argissa-Magula in Thessalien 1., Das präkeramische Neolithikum sowie die Tier- und Pflanzenreste. Beiträge zur ur- und frühgeschichtlichen Archäologie des Mittelmeer-Kulturraumes 2, Bonn 1962

Milojcic, V.: Die Tontafeln von Tărtăria (Siebenbürgen) und die absolute Chronologie des mitteleuropäischen Neolithikums. In: Germania 43, S. 261–268. 1965

Mori, Fabrizio: The great civilisations of the ancient Sahara. Roma 1998

Müller, Johannes: Prestige, Prestigegüter, Sozialstrukturen: Beispiele aus dem dem europäischen und vorderasiatischen Neolithikum. Holos-Verlag, Bonn 1996

Neolitot i eneolitot vo Makedonija i nivniot odnos so sosednite oblasti, Simpoziom odrzan 1987 vo Skopje (Neolithikum und Aeneolithikum in Makedonija und ihre Beziehungen zu den benachbarten Gebieten). In: Makedonija Acta archaeologica 10, Kopenhagen 1985–86, S. 5–276

Neolitik i eneolitik Slovenije ter sosednjih pokrajin (Neolithikum und Aeneolithikum Sloweniens und der angrenzenden Gebiete), Maribor 1970, in: Arheološki vestnik (Ljubljana) 24, S. 9–302, 1973

Neustupny, J.: Neue Beiträge zum Neolithikum Rumäniens. In: Slovenská archeológia 6, S. 257–294. 1958

Otte, Marcel: La protohistoire. De Boek Université, Bruxelles 2002

Pachali, E.: Die vorgeschichtlichen Funde aus dem Kreis Alzey vom Neolithikum bis zur Hallstattzeit. Bonn 1972

Perker Pearson, Mike: Food, culture and identity in the neolithic and early bronze age. Archaeopress, Oxford 2003

Perlès, Catherine: The early Neolithic in Greece: the first farming communities in Europe. Cambridge University Press, Cambridge 2001

Pétrequin, Pierre (Hrsg.): Construire une maison 3000 ans avant J. C. – Le Lac de Chalain au néolithique. Paris, Edition Errance

Praistorija jugoslavenskih zemalja, 2. Neolitisko doba (Die Vorgeschichte Jugoslawiens, 2. Neolithikum). Sarajevo 1979

Praistorija jugoslavenskih zemalja, 3. Eneolitisko doba (Die Vorgeschichte Jugoslawiens, 3. Aeneolithikum). Sarajevo 1979

Preuss, Joachim: Das Neolithikum in Mitteleuropa, Kulturen – Wirtschaft – Umwelt; vom 6. bis 3. Jahrtausend v. u. Z.; Übersichten zum Stand der Forschung. Beier & Beran-Verlag, Weissbach 1999

ders.: Bd. 1. Teil B, Übersichten zum Stand und zu den Problemen der archäologischen Forschung. Beier & Beran-Verlag, Weissbach 1998

ders.: Teil 3., Typentafeln, Strichzeichnungen, Karten und Beilagen. Beier & Beran-Verlag, Weissbach 1996

Raetzel-Fabian, D.: Die ersten Bauernkulturen. Jungsteinzeit in Nordhessen. Vor- und Frühgeschichte im Hessischen Landesmuseum in Kassel, Heft 2. Kassel 2000

ders.: Calden: Erdwerk und Bestattungsplätze des Jungneolithikums; Architektur – Ritual – Chronologie. Habelt-Verlag, Bonn 2000

Rami Reddy, Vallapureddy: Neolithic and post-neolithic cultures. New Delhi, Mittal Publications 1990

Rasch, W.: Das megalithische Yard. Ein Maß durch Zeiten und Räume des Neolithikums. In: Ordo et mensura, 3., III. Internationaler Interdisziplinärer Kongress für Historische Metrologie, 1993, Sankt Katharinen 1995

Ruttkay, E.: Das Neolithikum in Österreich und das Chronologiesystem von Karanovo. In: Tell Karanovo und das Balkan-Neolithikum, Gesammelte Beiträge zum Internationalen Kolloquium in Salzburg 1988, S. 139–154. Salzburg 1989

Richter, Jürgen: Neolithikum. Geschichtlicher Atlas der Rheinlande, Beih. 2, Vorgeschichte, 2, 1/2. Rheinland-Verlag, Köln 1997

Ribé Monge, G.: The Neolithic of the Iberian Peninsula. o.O., o. J.

Röhrer-Ertl, Olav: Die Neolithische Revolution im Vorderen Orient, ein Beitrag zu Fragen der Bevölkerungsbiologie und Bevölkerungsgeschichte. Oldenbourg-Verlag, München 1978

Runciman, Walter Garrison: The origin of human social institutions. Oxford University Press, Oxford 2001

Schachermeyr, Fritz: Die neolithische Keramik Thessaliens. Aus d. Nachl. Bearb. von Eva Alram-Ster, Wien, Verl. d. ÖAQ, 1991–99, 30, VIII. S. Veröffentlichungen der mykenischen Kommission 13

Schlette, F.: Das Neolithikum als historische Erscheinung. In: Evolution und Revolution im Alten Orient und in Europa. Das Neolithikum als historische Erscheinung, S. 9–22. Berlin 1971

Schlichtherle, H., B. Wahlster: Archäologie in Seen und Mooren. Stuttgart 1986

Schmidt, Michael: Jungsteinzeitliche Erdwerke und Höhensiedlungen in Westdeutschland (von 550 v. Chr. bis 2000 v. Chr.). Schmidt, Frankfurt 1997

ders.: Europa und der Mittelmeerraum vor den Kelten: die Kupfer- und Bronzezeit in Europa, Vorderasien und Nordafrika (von ca. 9000 v. Chr. bis um 650 v. Chr.). Artaunon-Verlag, Frankfurt 2003

Schubert. E.: Einige Bemerkungen zu Neolithikum und Bronzezeit in Südtirol. In: Das Äneolithikum und die früheste Bronzezeit (C 14 3000–2000 B. C.) in Mitteleuropa. Kulturelle und chronologische Beziehungen. Acta des 14. Internat. Symposiums Prag-Liblice 1986, S. 2261–2262. Praha 1989

Sing, Purushottam: The neolithic origins. Agam Kala Prakashan, New Delhi 1991

Striccoli, Rodolfo: Prima campagna di scavo nel sito neolitico di Carrara. Quaderni dell'Archivio storico pugliese, 35. Società di Storia Patria per la Puglia, Bari 2002

Tasič, N.: Der nördliche Balkan und jugoslawischer Donauraum als Vermittler der Kulturströmungen nach Mitteleuropa. In: Das Äneolithikum und die früheste Bronzezeit (C 14 3000–2000 B. C.) in Mitteleuropa. Kulturelle und chronologische Beziehungen, Acta des 14. Internat. Symposiums, Prag-Liblice 1986, S. 233–238. Praha 1989

ders.: Der jugoslawische Donauraum und die Ägäis im Eneolithikum. In: Archaelogia jugoslavica 14, S. 1–7. 1978

Tellenbach, M.: Materialien zum präkeramischen Neolithikum in Süd-Ost-Europa. Typologisch-stratigraphische Untersuchungen zu lithischen Gerätschaften. In: Deutsches Archäologisches Institut. Bericht der Römisch-Germanischen Kommission 64, S. 21–137. 1983

Tell Karanovo und das Balkan-Neolithikum. Gesammelte Beiträge zum Internationalen Kolloquium in Salzburg, 1988, Schriftenreihe des Instituts für Alte Geschichte und Altertumskunde der Universität Salzburg, Reihe 1, 7. Salzburg 1989

Thomas, Julian: Understanding the Neolithic. Routledge, London 1999

Todorova, H.: Die Nekropole bei Varna und die sozialökonomischen Probleme am Ende des Äneolithikums Bulgariens. In: Zeitschrift für Archäologie 12, S. 87–97. 1978 dies.: Bemerkungen zum frühen Handelsverkehr während des Neolithikums und des Chalkolithikums im westlichen Schwarzmeerraum. In: Handel, Tausch und Verkehr im bronze- und früheisenzeitlichen Südwesteuropa, S. 53–65. München 1995

Tringham, R.: Hunters, Fishers and Farmers of Eastern Europa 6000–3000 BC. 1971

Uerpmann, H.-P.: Probleme der Neolithisierung des Mittelmeerraumes. Beih. Tübinger Atlas des Vorderen Orients Reihe B 28. 1979

Valde-Nowak, Pawel: Siedlungsarchäologische Untersuchungen zur neolithischen Nutzung der mitteleuropäischen Gebirgslandschaften, Serie Internationale Archäologie 69. Rahden-Verlag Westfalen, Leitdorf 2002

Verhoeven, Marc: An archaeological ethnography of a neolithic community: space, place and social relations in the burnt village at Tell Sabi Abyad, Syria. Nederlands Historisch-Archaeologisch Inst., Istanbul 1999

Vlassa, N.: Kulturelle Beziehungen des Neolithikums Siebenbürgens zum Vorderen Orient. In: Acta Musei Napocensis 7, S. 4–39. 1970

Vosteen, Markus Uwe: Urgeschichtliche Wagen in Mitteleuropa: eine archäologische und religionswissenschaftliche Untersuchung neolithischer bis hallstattzeitlicher Befunde. Leitdorf-Verlag, Rahden o. J.

Wechler, Klaus-Peter: Studien zum Neolithikum der osteuropäischen Steppe. von Zabern-Verlag, Mainz 2001

Whittle, Alasdair W. R.: Neolithic Europe: A Survey. New Studies in Archaeology, Cambridge 1985

ders.: Europe in the Neolithic, the creation of new worlds, Reprint, Cambridge world archaeology. Cambridge University Press, Cambridge 1999

ders.: Problems in Neolithic Archaeology. New Studies in Archaeology, University Press Cambridge 1988

Wickede, Alwo von: Prähistorische Stempelglyptik in Vorderasien. Profil-Verlag. München 1990

Willms, Christoph: Mensch und Natur in der Jungsteinzeit: über die Eingriffe des Menschen in seine Umwelt in der Zeit von 5600 bis 2400 v. Chr.; Begleitbuch zur gleichnamigen Tastausstellung im Maulwurfsbau des Museums für Vor- und Frühgeschichte, Archäologisches Museum, Frankfurt am Main, Museum für Vor- und Frühgeschichte. Frankfurt am Main 1991

Wininger, Josef: Ethnoarchäologische Studien zum Neolithikum Südwesteuropas. edges-Verlag, Oxford 1998

Wojciechowski, Wlodzimierz: Osady neolityczne na stanowisku 19 w Strzelinie. Uniw. Wrocl., Wroclaw 2000

World Archaeological Congress 1986 in Southampton and London, England. The Neolithic of Europa. Allen & Unwin-Verlag, London 1986

Wunn, Ina: Götter, Mütter, Ahnenkult: Religionsentwicklung in der Jungsteinzeit. Rahden-Verlag Leitdorf 2001

Zang, Zong-dong: Indo-european vocabulary in old Chinese, a new thesis on the emergence of Chinese language and civilization in the late neolithic age. Philadelphia Pa., University of Pennsylvania Museum 1988

Zápotocká, Marie: Bestattungsritus des böhmischen Neolithikums (5500–4200 B.C.): Gräber und Bestattungen der Kultur mit Linear-, Stichband- und Lengyelkeramik. Archeologický Ústav AV, Praha 1998

Nachwort

Ich halte die Initiative von Hanswilhelm Haefs, ein möglichst umfassendes Werk über die Geschichte Bulgariens zu schreiben, für besonders bedeutsam und wichtig. Seine langjährige Erfahrung mit der Ortsnamendeutung hat ihm den großen Wert von Ortsnamen für die richtigere und vollständigere Auslegung der Geschichte eines jeden Volkes gezeigt. Die Deutung der Ortsnamen und die Kenntnis der Ortsgeschichten zeigt im Detail die menschliche Wirklichkeit, die als Grundelement jeder Gesellschaftsentwicklung anzunehmen ist.

Haefs hat den Versuch einer volkstümlichen Beschreibung der bulgarischen Ortsnamen unternommen, trotz der unvollständigen bulgarischen Literatur zu diesem Thema. Dennoch enthält dieses Werk über 80% aller bulgarischen Siedlungen bzw. Ortschaften und Städte mit ihren Ortsnamen. Es ist der umfangreichste Werksansatz, der sich mit der bulgarischen Toponymie und der bulgarischen Siedlungsgeschichte befaßt. Es ist außerdem das erste Werk, das die Darstellungen der wichtigsten Stadt- bzw. Gemeindewappen gesammelt vorlegt. Deshalb wird es nicht nur für ausländische, sondern auch für bulgarische Wissenschaftler nützlich sein und allen Lesern – wie ich hoffe – Vergnügen bereiten.

Bulgariens Geschichte:
1. Die neolithische Wiege der abendländischen Kultur in Bulgarien
2. Um Troja schlugen sich auch Thraker
3. Das Goldene Reich der Pamir-Bulgaren an Donau und Wardar
4. Das 2. Königreich der Slawobulgaren, die osmanische Zwangsherrschaft, das 3. Königreich, die kommunistische Zwangsherrschaft
5. Ortsnamen und Ortsgeschichten Bulgariens

Die Ortsnamendeutung ist deshalb so wichtig, weil die Siedlungsnamen als Geschichtsquellen von unübersehbarer Gewichtigkeit sind. Denn jedes der Völker, jede Menschengemeinschaft, die das heute bulgarische Gebiet im Laufe der Zeiten besiedelt hat, hat ihm ihren Stempel durch die immer noch lebendigen Ortsnamen aufgedrückt.

Wenn man die Ortsnamen unter die philologische Lupe nimmt und ihnen so ihre siedlungsgeschichtlichen Informationen entreißt, dann beginnen sie eine deutliche Sprache zu sprechen. So hieß z.B. die heutige Stadt *Montana* ursprünglich lateinisch *praesidium montanensium* (=

Vorort der Gebirgslandschaft), denn sie war im 2. Jh. pCn als römische Gebirgs-Wachstation gegründet worden. Später nannten die Slawen sie *Kutlowitsa* (= Siedlung bei den mörserähnlichen Felsen). Während der türkischen Besetzung wurde sie aber nach den türkischen Sprach- und Schreibspezifika *Kutlowischte* genannt, während über 4 Jahrhunderten. Von 1891 bis 1944 hieß sie dann *Ferdinand* zu Ehren des bulgarischen Königs Ferdinand. Von 1945 bis 1989 trug sie den Namen *Michailovgrad* (= Stadt des Michailoff), zu Ehren des kommunistischen Funktionärs Christo Michailoff. Und erst nach dem Sturz des sogenannten »kommunistischen« Regimes erhielt sie wieder ihren alten Namen aus der römischen Antike *Montana*.

An diesem Beispiel mag deutlich werden, wie hilfreich die Kenntnis der Ortsnamen einerseits für die Geschichtskenntnis und andererseits bei Identifizierungsfragen sein kann. Und zugleich erlaubt sie es, tiefer in den Gang der Geschichte jedes Ortes bzw. seiner Bewohner einzudringen.

So erlaubt der Band über die Ortsnamen Bulgariens als letzter der 5 Bücher zur bulgarischen Geschichte einmal, sehr viel tiefer in den Inhalt der 4 vorhergehenden Bücher einzudringen, weil er zahlreiche historische Belege für Behauptungen der geschichtlichen Darstellung enthält, und andererseits wegen seiner vielfältigen und unterschiedlichen Blicke auf die Vergangenheit dieses südosteuropäischen Landes.

Kalojan Nedeltscheff, Sofija 2004

Quellenverzeichnis

Barouh, Emmy: Jews in the Bulgarian lands. Ancestral memory and historical destiny. International Center for Minority Studies and Intercultural Relations, Sofia 2001

Boev, Peter: Die Rassentypen der Balkanhalbinsel und der Ostägäischen Inselwelt, deren Bedeutung für die Herkunft ihrer Bevölkerung. Bulgarische Akademie der Wissenschaften, Sofia 1972

Dimitrow, Boshidar: Bulgarien – ein Kreuzweg von Zivilisationen. Borina-Verlag, Sofia 1999

Fotev, Georgi: Ethnicity, Religion and Politics. Essays on Multidimensional Transition. Prof. Marin Drinov Academic Publishing House & Pensoft Scientific Publishers, Sofia 1999

Izanov, Ivan & Avramova, Maxa: Varna Necropolis – The Dawn of European Civilization. Agató Publishers, Sofia 2000

Lazova, Tsvete: The Hyperboreans. A Study in the paleo-balkan Tradition. St. Kliment Ohridski University Press, Sofia 1996

Raduntscheva, Ana: Die prähistorische Kunst in Bulgarien – Fünftes bis zweites Jahrtausend v.u.Z. Sofia-Press, Staatsdruckerei »Balkan«, Sofia (o.J., frühestens nach 1970)

Länderkundliche Studien

Aus dem Material für seine ortsnamenkundlichen Studien erarbeitete Haefs seit 1965 auch folgende länderkundliche Studien:

36. Wege zur Lochmühle: die Geschichte des Hotels im Ahrtal, zu dem im 18. Jahrhundert bereits englische, im 19. Jh. dann auch deutsche Zeichner und Maler aus der Düsseldorfer Malerschule aufbrachen und hier Grundlagen der romantischen Malerei erarbeiteten
37. Gabriel Ferry + Karl May + Captain Reid = Winnetou + Old Shatterhand (+ alle Indianersprachen Nordamerikas) + KMs »abduktive« Logik + Friedensphilosophie und Abrüstungstheorie
38. Reisen um Mitteleuropa (auf der Suche nach seinen Menschen, Geistern und Götzen)
39. Die Geschichte der Graeco-Tschechen, der Germano-Deutschen, Hitlers Mord-Diktatur und der Beneš-Dekrete: mußte das sein?
40. Bulgarien – oder die Goldenen Reiche der Pamirbulgaren
    a) die neolithische Wiege der abendländischen Kultur bei Warna
    b) Vor Troja kämpften auch Thraker
    c) das Goldene »Reich der Pamirbulgaren an Donau und Wardar«
    d) Slawo-Bulgarien unter den Osmanen, das 3. Königreich, die kommunistische Zwangsherrschaft
41. Vom Ursprung der slawischen Völker
42. Slawen aus Byzanz
43. Der Mongolensturm 1240/42 gegen das Abendland: der Untergang der Kiewer Rus, die Auflösung des alten Königreichs Ungarn, der Zusammenbruch des Heil. Röm. Reichs Karls des Großen und Friedrichs II.
44. Chinesische Romane
45. Der Kontinent China der 1000 Völker
46. Die Atzerather Enzyklopädie des nutzlosen Wissens
    a) Handbuch des nutzlosen Wissens   ISBN 3-423-20111-8
    b) Das 2. Handbuch des nW   ISBN 3-8311-3754-4
    c) Das 3. Handbuch des nW   ISBN 3-8311-3755-2
    d) Das ultimative Handbuch des nW   ISBN 3-423-20206-8
    e) Neues nW für die Westentasche   ISBN 3-7254-12222-7
    f) Das digitale Handbuch des nW
       (dtv. Digitale Bibliothek).   ISBN 3-932544-79-X

In diesen bedeutenden Sammlungen des nutzlosen Wissens werden zunächst generell »die üblichen Verdächtigen« behandelt:
- Die geheimsten Geheimnisse der Natur (»Die Larven der blutgierigen Stechmückenweibchen *Culiseta longiareolata* greifen sogar Kaulquappen der Wechselkröte *Bufo viridis* an.«)
- Von den Völkern, ihren Eigenschaften, Eigenheiten, Riten, Sitten u.ä. (»udmurte heißt auf udmurtisch ›Mensch auf der Wiese‹«)
- Geschichte, wie sie wirklich war (»Das Jahr 11 vor Christus war das letzte mit einem 30. Februar.«)
- Auch Staaten haben ihre Affären (»Das Bajonett hat seinen Namen von der französischen Stadt Bayonne.«)
- Von Recht und Gesetz und law and order (»Der längste Rechtsstreit der Geschichte endete am 28. April 1966, als im indischen Poona das Gericht zugunsten von Balasaheb Patoji Thorat entschied, dessen Vorfahr Maloji Thorat den Prozeß wegen einer Frage des religiösen Protokolls im Jahre 1205 anhängig gemacht hatte.«)
- Von Personen und Persönlichkeiten (»Alle Menschen haben im Durchschnitt weniger als 2 Beine.«)

Doch gibt es darüber hinaus auch »besonders Verdächtige«, die in den einzelnen Bänd(ch)en einzeln verhört und vorgeführt werden.

47. Von König Amphiaraos über Vlad Țepes und Gille de Rais zu Graf Dracula und den Vampiren
48. Der neolithische Weihealtar in der Hocheifel, Matronenkult im Ubierland, die fürstäbtliche Reichsabtei Malmedy und Stavelot und ihre Namen, spätgotische Kirchenmalerei in Wiesenbach, »Eifel« und »Venn«
49. Thidrekssage und Nibelungenlied. Vergleichende Studien

ISBN 3-8334-1544-4

50. Drachenwelten - Welt voller Drachen?

Ortsnamenkundliche Studien

Haefs hat ab 1965 die folgenden Ortsnamenbücher erarbeitet, die jetzt nach und nach erscheinen:

1. Handbuch deutschsprachiger Ortsnamen (der Dörfer und Städte, der Flüsse, Gebirge und Landschaften innerhalb der Grenzen des Alten Reichs um 1300). (ISBN 3-8330-0854-7)
2. Allerorten leben Menschen mit Geistern und Götzen (von Ahorntal über Kiel, und München, über Wien und Prag und Zagreb, über Krakau und Bamberg und Regensburg bis Zerbst, sowie über Greifswald und Stralsund – und zu den Ortsnamen die zur Namensdeutung wichtigen Ortslegenden wie die von Krakau: in der Julius Caesear dreimal gegen polnische Adelige Schlachten verloren hat)
3. Ortsnamen und Ortsgeschichten aus Baden-Württemberg: Anmerkungen zur Geschichte der Landschaft und der ältesten Herzogshäuser, der Städte und Flüsse
4. Ortsnamen und Ortsgeschichten in Bayern: Anmerkungen zur Geschichte der Namen und Landschaften Baiern, Franken, Rhön, Schwaben, der Städte und Dörfer und Klöster, sowie der Bedeutung von Römern und Rätern und Skiren und Slawen
5. Ortsnamen und Ortsgeschichten von Brandenburg (zunebst Preußen): Namen und deren Deutungen von Landschaften und Flüssen und Städten sowie der Adelshäuser und der Klöster
6. Ortsnamen und Ortsgeschichten in Hessen: Anmerkungen zur Geschichte der Landschaften und der Adelshäuser wie des Hauses Nassau, heute Oranien (in den Niederlanden und Luxemburg), und zur Deutung der Ortsnamen grenzüberschreitender Landschaftsnamen wie der Rhön
7. Ortsnamen und Ortsgeschichten in der Lausitz – den beiden Lausitzen: der sächsischen Oberlausitz (mit starken Beziehungen sprachlich und geschichtlich zum Schlesischen und Böhmischen), der brandenburgischen Niederlausitz (mit starken Beziehungen sprachlich und geschichtlich zu Polen und Schlesien)
8. Ortsnamen und Ortsgeschichten im Reiche Lotharingien: Lothringen, Luxemburg, Saarland – Anmerkungen zur Siedlungsgeschichte und Geschichte der heutigen 3 Länder sowie zu den Ortsnamen aus keltischem, lateinischem, germanischem Wortmaterial (etwa Vianden = Wien)

9. Ortsnamen und Ortsgeschichten aus Mecklenburg-Vorpommern: Anmerkungen zur Entwicklung der Länder unter slawischer, dänischer, schwedischer, deutscher Vorherrschaft anhand der Ortsnamen und ihrem Entstehen sowie ihrer Entwicklung aus byzantinisch-slawischer Wurzel ins Germanische, und aus deutscher Wurzel (ca. 60% mindestens sind slawischen Ursprungs)
10. Ortsnamen und Ortsgeschichten aus Niedersachsen zunebst Bremen und Hamburg: Anmerkungen zur Geschichte der Länder und ihrer Stämme (wie der Sachsen und der Heunen/Hünen) sowie der fränkischen Macht und der Kirchen und Klöster
11. Ortsnamen und Ortsgeschichten aus Nordrhein-Westfalen: Anmerkungen zur Siedlungs- und Stammesgeschichte von Franken und Heunen/Hünen, der römischen Vorherrschaft und der fränkischen Macht, der Erzbischöfe und der Klöster, sowie der Städte und Flüsse
12. Ortsnamen und Ortsgeschichten von Ostfriesland: Anmerkungen zur Geschichte der Friesen und ihres Landes sowie dessen Besiedlung u.a. durch Kirche, Klöster und Häuptlingsgeschlechter
13. Ortsnamen und Ortsgeschichten aus Rheinland-Pfalz: Anmerkungen zur Geschichte der Länder seit keltischer und römischer Zeit und zu ihrer Besiedlung durch Kirche und Klöster und Fürstenhäuser bis zu den Wittelsbachern (die nachmals Baiern übernahmen und von Napoléon zu Königen in Bayern gemacht wurden)
14. Ortsnamen und Ortsgeschichten aus der Rhön und dem Fuldaer Land: Anmerkungen zur verworrenen Geschichte des dreigeteilten Landes und seiner Besiedlung vor allem durch Klöster und Kirchen, aber auch Fürstenhäuser. (ISBN 3-931796-99-X)
15. Ortsnamen und Ortsgeschichten auf Rügen mitsamt Hiddensee und Mönchgut: Anmerkungen zur Geschichte der slawischen Ranen, der Herrschaft von Klöstern und Dänen und Schweden, von Preußen und Deutschen; und Bemerkungen zum Minnesänger Wizlaw III., dem »jungen Helden von Rügenland« und letztem ranischen Fürsten.
(ISBN 3-8330-0845-8)
16. Ortsnamen und Ortsgeschichten aus Sachsen: Anmerkungen zur slawischen Geschichte (die ca. 60% aller Ortsnamen hinterlassen hat) und zur späteren deutschstämmigen Einwanderung sowie dem sorbischen Überleben
17. Ortsnamen und Ortsgeschichten aus Sachsen-Anhalt: Anmerkungen zur slawischen Geschichte (die ca. 60% aller Ortsnamen hinterlassen hat) und zur späteren deutschstämmigen Einwanderung, zu askani-

schen Fürstentümern, zur deutschstämmigen Siedlungsarbeit der Kirche und der Klöster
18. Ortsnamen und Ortsgeschichten aus Schleswig-Holstein zunebst Helgoland und Nordfriesland, Fehmarn und Lauenburg: Anmerkungen zum dänischen und sächsischen und slawischen Anteil an der Besiedelung, sowie der Entwicklung der Herzogtümer bis zur preußischen Eingliederung (mitsamt dem Anteil von Kirche und Klöstern an der Siedelarbeit innerer Kolonisation, der Bedeutung der Dithmarscher, und der Stormarer) (ISBN 3-8334-0509-0)
19. Ortsnamen und Ortsgeschichten aus Thüringen: Anmerkungen zur slawischen Geschichte (die ca. 60% aller Ortsnamen hinterlassen hat) und zur späteren deutschstämmigen Siedlungsarbeit von Kirche, Klöstern und deutschen Fürsten
20. Siedlungsnamen und Ortsgeschichten aus Berlin: Anmerkungen zur Geschichte der slawischen Siedlung, die dann deutscher Fürstensitz, preußische Hauptstadt und schließlich Hauptstadt Deutschlands bzw. nach dem Zwischenspiel »DDR« heute der Bundesrepublik Deutschland wurde (einschließlich der Rolle der Hohenzollern)
21. Siedlungsnamen und Ortsgeschichten aus Bremen: Anmerkungen zur Geschichte von Hafenstadt und Bundesland sowie des Erzbistums
22. Siedlungsnamen und Ortsgeschichten aus Hamburg: Anmerkungen zur Geschichte von Hafenstadt und Bundesland und der Vertreibung der Erzbischöfe nach Bremen durch die Slawen
23. Siedlungsnamen und Ortsgeschichten aus München – zunebst des Reichs des Samo, den römischen Städten, den sogenannten »Nibelungenstädten«: Anmerkungen zum rätischen wie römischen Einfluß, zum slawischen Einfluß und dem Einfluß des »Nibelungenliedes« aus Passau
24. Siedlungsnamen und Ortsgeschichten aus Prag und Libice und Znaim: Anmerkungen zum Entstehen der Orts- und Flußnamen, aus denen die Zwanderung slawischer Stämme aus dem Balkanraum mit byzantino-slawischen Namenformen erkennbar wird
25. Siedlungsnamen und Ortsgeschichten von 5 sächsischen Städten: Chemnitz – Dresden – Freital – Leipzig – Zwickau: Anmerkungen zu den Ortsnamen, die das Überwiegen slawischer Ortsnamenwurzeln erkennen lassen sowie das schrittweise Vorrücken germanisch/deutscher Einwanderung
26. Siedlungsnamen und Ortsgeschichten aus Wien (zunebst: Anmerkungen zur Rolle der Habsburger): wie aus dem keltischen Vedunia das

römische Vindobona und das deutsche Wien wurde, und was ihm alles geschehen ist

27. Ortsnamen und Ortsgeschichten aus Belgien: Anmerkungen zum Entstehen des Königreichs seit keltischer und römischer Zeit, unter französischer und Reichs-Herrschaft sowie das Raubkönigtum Leopolds II.

28. Ortsnamen und Ortsgeschichten aus Bulgarien: Anmerkungen zum Entstehen des 1. (Pamir)Bulgarischen Königreichs, des 2. (Slawo)-Bulgarischen Königreichs, der osmanischen Zwangsherrschaft nach der byzantinischen, des 3. (sachsen-coburg-gotaischen) Königreichs, der kommunistischen Zwangsherrschaft, der jetzt freien Republik

29. Ortsnamen und Ortsgeschichten aus den Niederlanden: die römische Herrschaft, die Herrschaft der Prager und Wiener Kaiser, der nassauischen Fürsten aus Hessen, die spanische Gewaltherrschaft, der Sieg des Protestantismus und Calvinismus

30. Ortsnamen und Ortsgeschichten aus Österreich: Anmerkungen zum Entstehen der Baierischen Ostmark, den Kämpfen der Herzogshäuser, dem Sieg der Habsburger, ihrem Kampf gegen die osmanischen Türken, den komplizierten slawischen und balkanischen Einflüssen sowie dem Einfluß der Klöster auf die Siedlungsgeschichte

31. Ortsnamen und Ortsgeschichten Polens: Anmerkungen zu den vielfältigen balkan-slawischen Einflüssen, der Adelsrepublik, dem Königtum (einschließlich der Sachsen), den polnischen Teilungen, den Schlachten Napoléons, der Preußen, der Russen, der Deutschen usw. – und die byzantinoslawischen Ortsnamenwurzeln (einschließlich der Geschichte und den Rübezahl-Sagen Schlesiens)

32. Ortsnamen und Ortsgeschichten aus der Schweiz: namenkundliche Anmerkungen zur vielfältigen Entstehungsgeschichte der Confoederatio Helvetiae (rätisch, ostsemitisch, römisch, keltisch, slawisch, germanisch, deutsch usw.)

33. Ortsnamen und Ortsgeschichten aus Slowakien: Anmerkungen zur Geschichte slawischer Einwanderer aus dem byzantinischen Balkan und ihrer Beeinflussung durch Deutsche, Ungarn, Türken, Kommunisten usw.

34. Ortsnamen und Ortsgeschichten aus Südtirol: Anmerkungen zur Entwicklung des Landes aus rätischer Wurzel unter römischem Einfluß und bairischer Herrschaft sowie gewaltsamer Einverleibung nach Italien

35. Ortsnamen und Ortsgeschichten in Tschechien (Böhmen + Mähren + Mährisch-Schlesien): Anmerkungen zur verschlungenen Geschichte

eines Landes, das einst die bedeutendsten Kaiser des Heiligen Römischen Reichs (das sich ab 1404 »Deutscher Nation« zubenannte) gestellt hat und eine der schönsten Städte des Reichs, das goldene Prag, entstehen sah

HANSWILHELM HAEFS
(SPRICH: HAAFS)

- geb. 11.11.1935 in Berlin
- Gymnasium Thomaeum in Kempen
- Gymnasium Aloisianum in Bad Godesberg
- Studium der Slawistik, der Allgemeinen und Angewandten Sprachwissenschaften, der Vergleichenden Religionswissenschaft, der Völkerkunde in Bonn, Zagreb und Madrid
- 1958–1964 Redakteur, 1964–1980 Chefredakteur im Siegler Verlag des »Archivs der Gegenwart«, des »Weltalmanach«, des »Europa-Forum« - bis 1985 Herausgeber der »Dokumentation der Deutschlandfrage« und der »Dokumentation zur Abrüstung und Sicherheit«.
- 1985–1990 Herausgeber des »Fischer -Weltalmanach«
- seither als freier Publizist Autor u.a. des (bisher 5bändigen) »Handbuch des nutzlosen Wissens« (München, 1989 ff.) und Übersetzer u.a. aus dem Englischen und Französischen (von Ambrose Bierce, G. K. Chesterton, Anatol France, Robert Harris, Anne Marie Le Gloannec, Guy de Maupassant, Vladimir Nabakov, Lawrence Norfolk usw.)
- seit 1965 vor allem Arbeiten an den deutschsprachigen Ortsnamen im Rahmen des Alten Reichs in dessen Grenzen von ca. 1300; veröffentlichte hunderte von Artikeln und Aufsätzen in Zeitungen und Zeitschriften, und an eigenständigen Publikationen u. a. »Die Ereignisse in der Tschechoslowakei 1967/1968« (Bonn 1969), »Der deutsche Museumsführer« (Frankfurt/Main 1983) und »Die deutschen Heimatmuseen«(Frankfurt/Main 1984).
- Haefs lebte 1935–1945 in Berlin, 1945–1953 in Wachtendonk, 1953–1987 in Bad Godesberg, 1987–1996 in Ramscheid/Eifel, und lebt seither in Atzerath bei St. Vith (Belgien).